ARKANA

MICHAEL ROSCHER

Die Löwe Persönlichkeit

Charakter, Schicksal und Chancen.
Mit Mondpositionen
und Aszendentenbestimmung

ARKANA

GOLDMANN

Umwelthinweis:
Alle bedruckten Materialien dieses Taschenbuches
sind chlorfrei und umweltschonend.

Originalausgabe Januar 1999
© 1999 Wilhelm Goldmann Verlag, München
in der Verlagsgruppe Random House GmbH
Umschlaggestaltung: Design Team München
Umschlagabbildung: AKG, Berlin
Verlagsnummer 21508
Realisation und Gesamtbetreuung:
Christine Proske, Ariadne Buchkonzeption, München
Redaktion: Ralf Lay
Grafik: D.T.P. Factory, Susanne Bertenbreiter, München
Herstellung: H+G Lidl, München
Satz: Fotosatz Völkl, Puchheim
Druck: Elsnerdruck, Berlin
Made in Germany
ISBN 3-442-21508-0
www.goldmann-verlag.de
2. Auflage

Inhalt

ANHANG

Vorwort

Bücher zu den »Stern«- oder Tierkreiszeichen
gibt es scheinbar wie Sand am Meer. Welchen
Sinn macht es da, erneut darüber zu schrei-
ben; ist nicht alles schon Dutzende Male ge-
schrieben worden, was es zu diesem Thema
mitzuteilen gibt? Ich glaube, nicht. Denn wer
sich ein wenig näher mit dem Thema Astrologie beschäftigt hat, kann zwei sehr unterschiedliche Bereiche ausmachen: Astrologie
als Unterhaltung und Zeitvertreib, wie wir sie
zum Beispiel auf Zuckerstückchenpapier und
auf der Horoskopseite nahezu jeder Illustrier-
ten finden, und die ernsthafte Astrologie,
deren Studium viele Jahre beansprucht. Auch
wenn die Astrologie einmal die Königin der
Wissenschaften war, die an jeder renommier-
ten Universität gelehrt wurde, so wird sie doch
heute von den meisten mit der Unterhaltungs-
astrologie verwechselt; und nur die wenigsten
wissen, wie umfangreich, komplex und faszinierend die »richtige« Astrologie ist.

Diese Buchreihe versucht einen dritten Weg
zu gehen, indem die ernsthafte und die Unter-
haltungsastrologie zusammengeführt werden.
Das, was sich mit den Methoden anspruchs-
voller Astrologie über die Tierkreiszeichen
sagen läßt, habe ich in diesen Bändchen darzustellen versucht. Gerade weil auch die
Mondzeichen und die Bedeutungen der Geburtstage mit einbezogen wurden, konnten
Aussagen gemacht werden, die sicherlich um
einiges genauer und zutreffender sind, als dies
in einem »normalen« Buch über Tierkreiszei-

chen möglich wäre. Gleichzeitig sollte jedoch auch der unterhaltende Aspekt nicht zu kurz kommen, schließlich lähmt kaum etwas mehr das Interesse und die Neugier als trockener Lesestoff. Das Ziel war eine Lektüre, die seriöses astrologisches Wissen über uns selbst, über unsere Stärken und Schwächen vermittelt. Das Lesen sollte Spaß machen, und die Aussagen sollten so treffend sein, wie es in diesem Rahmen eben möglich ist. Wer auf den Geschmack kommt und noch mehr über sich und sein Horoskop erfahren möchte, findet zu diesem Thema Tips und Hinweise am Ende des Buches.

Ich möchte mich an dieser Stelle bei meiner Lebensgefährtin, der Astrologin und Buchautorin Brigitte Hamann, bedanken, die einen wesentlichen Anteil am Zustandekommen dieser Reihe hatte. Sie hat die Illustrationen und Zitate ausgesucht sowie die Märchen ausgewählt, bearbeitet und kommentiert, und einige Abschnitte entstammen – in leicht überarbeiteter Form – ihrem Buch *Die zwölf Archetypen*.

Michael Roscher,
im Herbst 1998

Kontaktadresse des Autors:

Michael Roscher
Schule für Transpersonale Astrologie ®
Postfach 31 02 01
D-90202 Nürnberg

Einleitung:
Wie die Gestirne unser
Schicksal beeinflussen

Die Astrologie ist trotz aller Anfeindungen ein fester Bestandteil unserer Kultur, unseres Fühlens und Denkens geblieben. Das Interesse an diesem seit Jahrtausenden genährten Wissensschatz nimmt sogar immer mehr zu. Es hofft zum Beispiel jeder, »unter einem guten Stern geboren zu sein«, unabhängig davon, ob wir an Astrologie glauben oder nicht. Und so wird das Geburtsdatum eines Menschen nach wie vor mit dem Sternsymbol * dargestellt.

Die sieben Wochentage und ihre Namen werden von den sieben »klassischen« Planeten unseres Sonnensystems abgeleitet: der Sonntag von der Sonne, der Montag vom Mond, der *Wochentage* Dienstag vom germanischen Kriegsgott Tiu (Týr), der dem Mars entspricht. Der Mittwoch heißt im Französischen *Mercredi*, also »Merkurtag«. Der Donnerstag (im Englischen *Thursday*) geht auf den germanischen Gott Thor zurück, der wiederum mit Jupiter vergleichbar ist. Der Freitag leitet sich von der Göttin Freyja ab, der germanischen Entsprechung der Venus. Der Samstag, mit dem die Woche vollendet wird, ist dem Saturn zugeordnet.

Das Wort »Desaster« (Unglück) kommt vom italienischen *disastro*, was »Unstern« bedeutet. Jemand, der einen starken Mars hat, wirkt auf andere martialisch, das heißt »kriegerisch, bedrohlich«; im Englischen nennt man die Kampfkünste *martial arts*. Unsere Stimmun-

---

Die Planetensymbole

Sonne	Mond	Merkur	Venus	Mars
☉	☽	☿	♀	♂

Jupiter	Saturn	Uranus	Neptun	Pluto
♃	♄	♅	♆	♇

---

gen werden durch den Mond beeinflußt, was sich sprachlich in dem Wort »Laune« (lateinisch *luna* = »Mond«) widerspiegelt. Und wie der Mond sein Aussehen beständig verändert, so wechseln auch unsere Gefühle.

Es ließen sich noch viele Beispiele aufführen, doch soll dies hier genügen, um zu zeigen, wie sehr uns die Astrologie in Fleisch und Blut übergegangen ist, ohne daß uns dies normalerweise bewußt wird.

Charakter-anlagen und Schicksal

Daß sich über die Planetenstände bei der Geburt Charakteranlagen, Schicksal und Chancen ermitteln lassen, ist längst bewiesen, auch wenn die Gegner der Astrologie dies nicht wahrhaben wollen.

Früher meinte man, von den Gestirnen gingen Strahlungen aus, die uns im Augenblick der Geburt lebenslang prägen. Manche Forscher versuchen immer noch, die Stimmigkeit der Astrologie auf diese Weise zu erklären. Der Ansatz ist sicherlich nicht völlig falsch. Allein der Mond verursacht mit seiner Anziehungskraft Ebbe und Flut und hat, wie man inzwischen weiß, auch einen deutlichen Einfluß auf das Wetter. Wenn der Mond die Weltmeere zu bewegen vermag, dann ist es auch einleuchtend, daß er den Menschen beeinflußt, dessen

Der chaldäische Stern

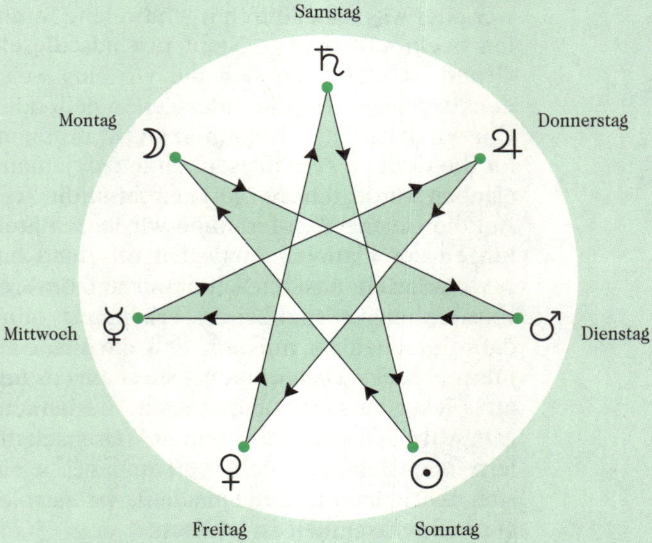

Samstag

Montag

Donnerstag

Mittwoch

Dienstag

Freitag

Sonntag

Die Darstellung der sieben klassischen Planeten als Tagesregenten kreisförmig in einem siebeneckigen Stern wird »chaldäischer Stern« genannt. Beginnt man beim Mond entgegen dem Uhrzeigersinn zu zählen, ergibt sich die Reihenfolge: *Mond, Merkur, Venus, Sonne, Mars, Jupiter, Saturn.* Dies gibt die Umlaufgeschwindigkeit der Himmelskörper um die Erde wieder. Der Mond bewegt sich, von der Erde aus gesehen, am schnellsten, der Saturn am langsamsten. Folgt man hingegen den Pfeilen des Sterns, entsteht die Reihenfolge: *Mond, Mars, Merkur, Jupiter, Venus, Saturn, Sonne,* was unseren Wochentagen entspricht.

Körper ja auch zum größten Teil aus Wasser besteht.

Die Astrologie funktioniert jedoch auch sicher bei der Ermittlung günstiger Daten für

Ermittlung günstiger Daten

Firmengründungen, Vertragsunterzeichnungen, Eheschließungen und dergleichen mehr. Hier fragt man sich dann in der Tat verwundert, wer oder was dabei durch irgendwelche Strahlen beeinflußt wird ... Nicht nur aus diesem Grund ist es besser, sich die Wirkungsweise der Astrologie wie die einer genau gehenden Uhr vorzustellen: Wir können an ihr problemlos die richtige Zeit ablesen, ohne daß jemand glauben würde, unsere Uhr beeinflusse die Zeit. Auf die gleiche Weise können wir in den Stellungen der Planeten Analogien unserer Charakteranlagen, unseres Schicksals und unserer Entwicklungsmöglichkeiten erkennen, ohne daran glauben zu müssen, daß die Planeten unser Schicksal *bestimmen* – sie *zeigen* es nur an. Dieser an sich völlig einfache Gedankengang wird selbst von führenden Wissenschaftlern offensichtlich nicht verstanden, so sie sich überhaupt die Mühe machen, der Astrologie Aufmerksamkeit zu widmen.

Ähnlich verhält es sich mit zahlreichen gläubigen Menschen, die fälschlicherweise annehmen, die Astrologie wäre eine »Ersatzreligion«, die uns ein unausweichliches Schicksal predige und an die Stelle des Gottesglaubens den an die Sterne setze. Nichts könnte falscher sein; denn ein vernünftiger Mensch wird die Psychologie nicht verdächtigen, Religion sein zu wollen, und Astrologie ist nichts anderes als das in Jahrtausenden gereifte psychologische Wissen der Menschheit – ein Erkenntnisprozeß, der begann, lange bevor es das Wort »Psychologie« überhaupt gab.

Keine Ersatzreligion

Einer der Grundlehrsätze der Astrologie lautet: »Der Weise beherrscht die Sterne.« Das heißt, die Astrologie strebt nicht an, dem Menschen ein angeblich unausweichliches Schicksal aufzudrängen, sondern sie will und kann echte Lebenshilfe sein, indem sie uns lehrt, uns selbst und unsere Mitmenschen besser zu verstehen.

Echte Lebenshilfe

Wenn wir beginnen, unser eigenes Wesen besser zu begreifen, werden natürlich auch Schwächen und der eine oder andere weniger erfreuliche Wesenszug sichtbar. Dies ist jedoch kein Grund, sich zu ärgern oder gar zu verzagen, sondern vielmehr die große Chance, das Beste aus unseren Möglichkeiten zu machen, die Schwierigkeiten, die wir mit uns und unseren Mitmenschen haben, zu meistern sowie dadurch zu wachsen.

Die Richtigkeit dieser Annahme wird uns indirekt auch bestätigt, wenn wir uns manche Menschen anschauen, die in ihrem Horoskop die umgekehrten Voraussetzungen aufweisen – sie sind besonders begabt, in ihrem Leben bieten sich außergewöhnliche Möglichkeiten, und sie machen dennoch nichts daraus. Das beste Horoskop nützt also wenig, wenn wir nicht unsere Fähigkeiten erkennen und uns um ihre Entwicklung bemühen: Die Welt ist voll von begnadeten musikalischen Talenten, die niemals die Ausdauer aufbrachten, ein Instrument richtig spielen zu lernen. Ein Künstler mit eher mäßiger Begabung und dem Willen, seine Möglichkeiten voll auszuschöpfen, kann dagegen bereits Außergewöhnliches erreichen, und der Erfolg ist schier unaufhaltsam, wenn die konsequente Entwicklung unserer Fähigkeiten mit einer besonderen Begabung zusammentreffen.

Wille zur Entwicklung

Dieses Buch möchte Sie dabei unterstützen, sich selbst und Ihre Mitmenschen besser zu verstehen. Wenn wir Verständnis füreinander in Handeln umsetzen, ist es nahezu unvermeidlich, daß wir erfolgreicher und effektiver werden, vor allem aber, daß wir ein zufriedeneres und erfüllteres Leben führen.

Die Tierkreiszeichen und das Horoskop

In der Umgangssprache hat sich der Begriff »Sternzeichen« eingebürgert, wenn eigentlich von Tierkreiszeichen die Rede ist. Es gibt die Sternbilder am Himmel und die Tierkreiszeichen; irgendwann einmal entstand der etwas unglückliche Begriff von den »Sternzeichen«.

»Stern-zeichen«

Die Sternbilder, die sich auf der Sonnenbahn befinden und den gleichen Namen wie die Tierkreiszeichen tragen, haben mit letzteren jedoch überhaupt nichts zu tun. Ihre Position verändert sich jedes Jahr ein wenig, und so kommt es, daß die Sonne am 21. März (oder einem beliebigen anderen Datum) an einer völlig anderen Stelle aufgeht, als dies etwa vor 2000 Jahren der Fall war.

Diese Namensgleichheit hatte unglückliche Folgen, werden Sternbilder und Tierkreiszeichen doch heute noch von vielen miteinander verwechselt oder gar gleichgesetzt. Das führt sogar so weit, daß vor allem Astronomen, die gern gegen die Astrologie wettern, behaupten, die Astrologen würden ihre Horoskope falsch berechnen. Diese ständige Verwechslung zeigt unter anderem, wie wenig sich die Gegner der Astrologie mit dem Thema überhaupt beschäftigt haben.

Die meisten Menschen wissen, ob sie ein Stier, ein Krebs oder ein Fisch sind, jeder kennt sein »Sternzeichen«. Wie diese Zuordnung zustande kommt, wissen dagegen nur wenige; dabei ist es einfach, die Grundlagen der Astrologie zu verstehen: Die Erde beschreibt im Laufe eines Jahres einen (näherungsweisen) Kreis um die Sonne. Von der Erde aus gesehen, ist diese auch »Ekliptik« genannte Umlaufbahn jedoch der Weg, den die Sonne innerhalb des Jahres scheinbar am Himmel zurücklegt; das heißt, die Sonne steht nach zirka 365 Tagen wieder an dem Himmelspunkt, von dem aus sie »ihre« Wanderung begann. Unterteilt man die Ekliptik in zwölf gleich große Abschnitte, ergibt sich die Aufgliederung des Tierkreises (Zodiakus) in zwölf Zeichen. Unser »Sternzeichen« ist nun nichts anderes als das Tierkreiszeichen, in dem die Sonne zum Zeitpunkt unserer Geburt stand. Wer beispielsweise ein Löwe ist, bei dem befand sich die Sonne im Zeichen des Löwen (120 bis 150 Grad im Tierkreis), als er zur Welt kam. Allerdings beginnt das astrologische Jahr nicht am 1. Januar, sondern am 21. März, exakt am Frühlingsanfang. Das astrologische Jahr ist übrigens mit dem astronomischen identisch.

Stand der Sonne

Astrologisches Jahr

Der Tierkreis beginnt mit dem Zeichen Widder, deshalb ist jeder, der zwischen dem 20./21. März und dem 19. bis 21. April geboren wurde, Widder. Auf den Widder folgt der Stier, daher dürfen sich alle, die zwischen dem 19. bis

---

Die Symbole der Tierkreiszeichen

Widder	Stier	Zwillinge	Krebs	Löwe	Jungfrau
♈	♉	♊	♋	♌	♍

Waage	Skorpion	Schütze	Steinbock	Wassermann	Fische
♎	♏	♐	♑	♒	♓

Sternbilder und Tierkreiszeichen

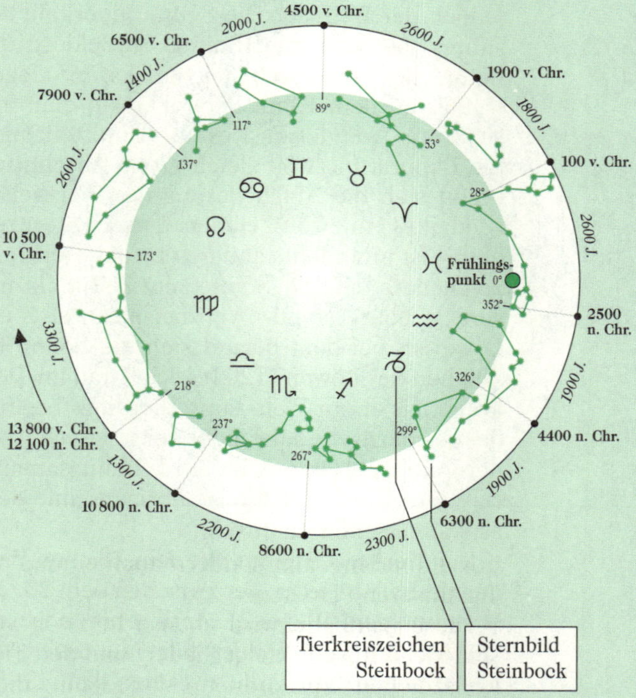

4500 v. Chr.
2000 J.
6500 v. Chr.
2600 J.
1400 J.
1900 v. Chr.
7900 v. Chr.
1800 J.
2600 J.
100 v. Chr.
28°
10 500 v. Chr.
173°
♓ Frühlings-punkt 0°
352°
2600 J.
2500 n. Chr.
3300 J.
326°
1900 J.
13 800 v. Chr.
12 100 n. Chr.
218°
237°
4400 n. Chr.
267°
299°
1300 J.
10 800 n. Chr.
2200 J.
8600 n. Chr.
2300 J.
6300 n. Chr.
1900 J.

117°
89°
53°

137°

♋ ♊ ♉

♌ ♈

♍

♎ ♏ ♐ ♑

Tierkreiszeichen Steinbock | Sternbild Steinbock

Im Außenkreis sind die *Sternbilder* dargestellt, im Innenkreis die *Tierkreiszeichen*. Außer der Namensgleichheit haben beide nichts miteinander zu tun.

21. April und dem 20. bis 22. Mai geboren wurden, »Stier« nennen – und so fort. Von der Erde aus gesehen, umkreist die Sonne aber nicht

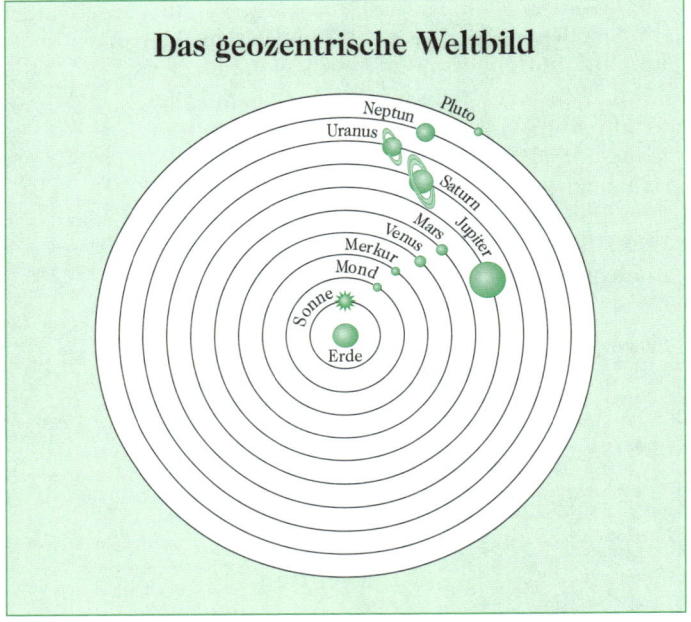

Das geozentrische Weltbild

nur einmal im Jahr, sondern auch einmal pro Tag unseren Planeten.

Diese Laufbahn wird ebenso in zwölf verschiedene Abschnitte gegliedert und den Tierkreiszeichen zugeordnet. Man kann diese Vorgänge mit einer Uhr vergleichen. Die eine Umdrehung entspräche dann dem Minuten-, die andere dem Stundenzeiger.

Horoskop-
erstellung
Will man nun ein Horoskop erstellen, trägt man zunächst das Sonnen-Symbol an der Stelle im Horoskopformular ein, an der das Tierkreiszeichen steht, unter dem man geboren ist, zum Beispiel Waage (siehe Abbildung »Die Sonne in der Waage«).

Für ein Horoskop werden jedoch noch die übrigen Planeten unseres Sonnensystems gebraucht, zu denen in der Astrologie auch der Mond ☽ gehört (siehe die Abbildung »Beispiel für ein Horoskop mit allen Planeten« auf der nächsten Seite).

Ebenso wie jeder von uns ein Sonnenzeichen hat, besitzt er auch ein Mondzeichen. Dieses ist für die Deutung der Persönlichkeit mindestens genauso wichtig wie das Zeichen

Mond-zeichen

Die Sonne in der Waage

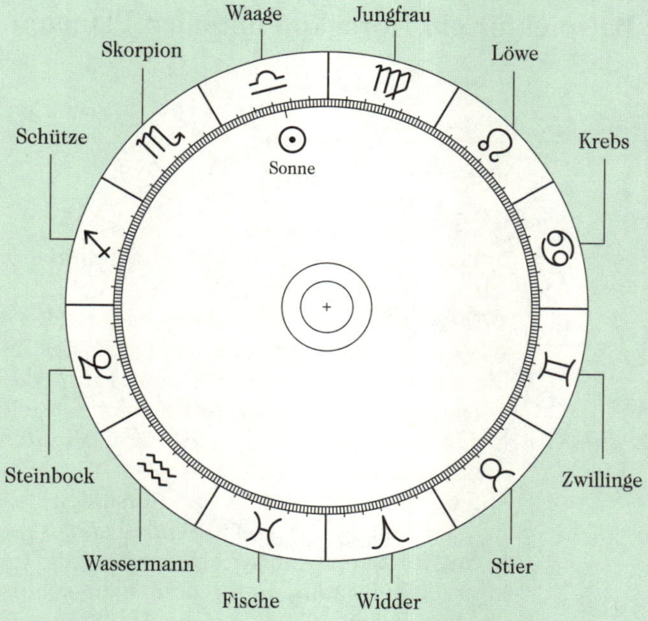

Waage • Jungfrau • Löwe • Skorpion • Schütze • Krebs • Steinbock • Zwillinge • Wassermann • Stier • Fische • Widder

Sonne

der Sonne. Die Sonnenzeichen sind wahrscheinlich nur deshalb bekannter, weil sie sich
ganz leicht über das Geburtsdatum feststellen
lassen.

Das ist beim Mond nicht so einfach. Denn
hier benötigen wir neben dem Geburtstag
Geburts- noch die Zuordnung zum Geburtsjahr. Da wir
jahr für Ihre Charakter- und Schicksalsanalyse jedoch auch das Mondzeichen verwenden wollen, finden Sie im Anhang eine Tabelle, mit der
Sie leicht die Zeichenstellung des Mondes zum
Zeitpunkt Ihrer Geburt bestimmen können.

Beispiel für ein Horoskop mit allen Planeten

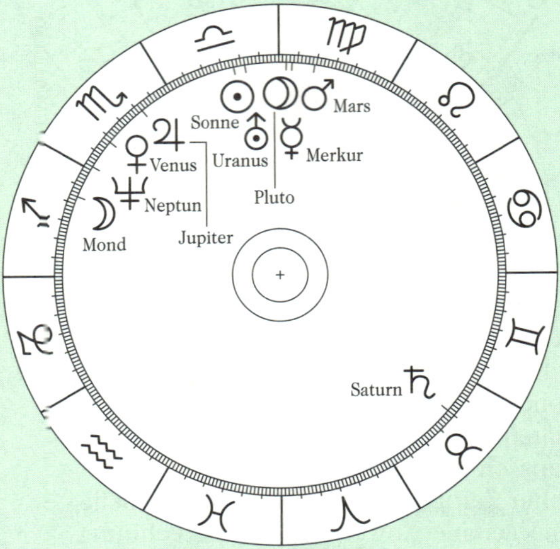

Die Häuser im Horoskop

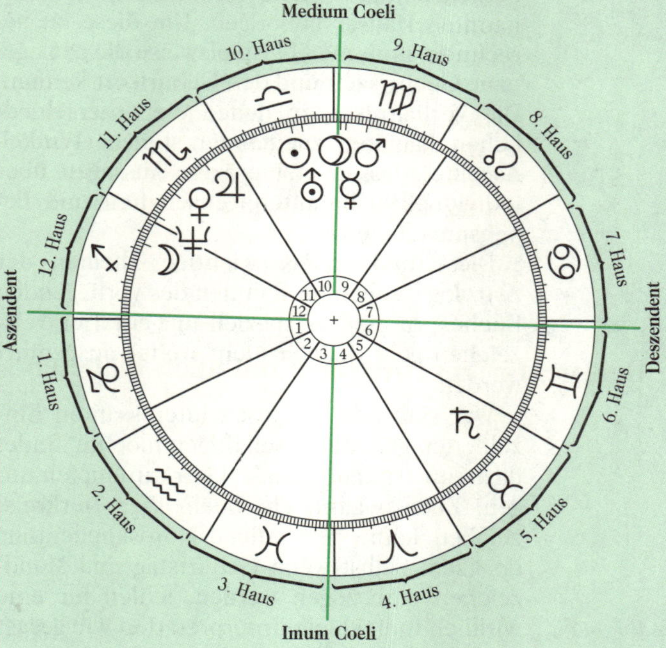
Medium Coeli
10. Haus
9. Haus
8. Haus
11. Haus
12. Haus
7. Haus
Aszendent
Deszendent
1. Haus
6. Haus
2. Haus
5. Haus
3. Haus
4. Haus
Imum Coeli
1
2
3
4
5
6
7
8
9
10
11
12

Aszendent

Eine ausschlaggebende Rolle innerhalb des Horoskops spielt der Aszendent. Dieser wird durch das Tierkreiszeichen bestimmt, das im Augenblick der Geburt über den Osthorizont tritt (lateinisch *ascendere* = »aufsteigen«). Dazu müssen Sie wissen, an welchem Ort und zu welcher Zeit Sie geboren sind. Eine Tabelle und eine genaue Anweisung zur Berechnung Ihres Aszendenten finden Sie im Anhang dieses Buches.

Für ein vollständiges Horoskop müßten allerdings noch mehrere andere wichtige Faktoren berücksichtigt werden. Wir würden die sogenannten Häuser benötigen. Um diese zu berechnen, muß man beispielsweise die ganz genaue Geburtszeit und den Geburtsort kennen. Die Verhältnisse, in denen die unterschiedlichen Planeten zueinander stehen (Winkel, Aspekte), lassen erst präzise Aussagen über individuelle Charaktereigenschaften und Lebensumstände zu.

Diese und andere wichtige Themen der Astrologie sollen im Rahmen des vorliegenden Buches, in dem es speziell um ein Tierkreiszeichen geht, jedoch nicht weiter ausgeführt werden.

Wer sich mit all diesen interessanten Einzelheiten genauer beschäftigen möchte, findet dazu im Anhang einige Literaturempfehlungen. Ebenso kann ein Buch über Tierkreiszeichen keine persönliche Horoskopdeutung ersetzen. Selbst wenn Geburtstag und Mondzeichen einbezogen werden, fehlen für eine *Individuelle* wirklich individuelle Interpretation wie gesagt *Interpretation* noch zu viele Faktoren. Wer es aber ganz genau wissen möchte und ein exakt auf sich berechnetes und gedeutetes Horoskop wünscht, kann bei uns hierzu kostenlos und unverbindlich weiteres Informationsmaterial anfordern. Die Adresse finden Sie ebenfalls am Ende dieses Buches.

Doch lassen Sie uns nun erkunden, was einen »typischen Löwen« ausmacht. Beginnen wir damit, uns einmal anzuschauen, welch unterschiedlichen prominenten Menschen dieses Tierkreiszeichen gemeinsam ist.

Die Tierkreiskarte Löwe des Malers Johfra

Bekannte Löwe-Persönlichkeiten

Neil Armstrong, Astronaut und Raumfahrt-
    techniker
Helena Blavatsky, Okkultistin, Theosophin
    und Medium
Geraldine Chaplin, Schauspielerin
Claude Debussy, Komponist
Ludwig Feuerbach, Philosoph
Roy C. Firebrace, Astrologe und Okkultist

Henry Ford

Henry Ford, Autofabrikant und Erfinder des
    Fließbandes
Gustav Heinemann, Politiker
Alfred Hitchcock, Regisseur
Dustin Hoffman, Schauspieler
Aldous Huxley, Schriftsteller
Mick Jagger, Popstar

C. G. Jung

C. G. Jung, Psychiater und Psychologe
Jacqueline Kennedy-Onassis, VIP
Alice und Ellen Kessler, Showstars
Alan Leo, Astrologe
Karl Liebknecht, Politiker

Madonna

Madonna, Popstar
Mata Hari, Tänzerin und Spionin
Napoleon Bonaparte, Heerführer und Kaiser
Joan Negus, Astrologin
Robert De Niro, Schauspieler
Camillo Olivetti, Industrieller
Peter O'Toole, Schauspieler
Jean Piaget, Psychologe
Roman Polanski, Schauspieler und Regisseur
Robert Redford, Schauspieler
Joachim Ringelnatz, Satiriker und Lyriker

Yves Saint Laurent

Yves Saint Laurent, Modeschöpfer
Arnold Schwarzenegger, Bodybuilder und
    Schauspieler
Karlheinz Stockhausen, Komponist
Andy Warhol, Künstler

Der Löwe – Daten und Symbole

22., 23. Juli bis 22., 23., 24. August

**Qualität: männlich, aktiv, Yang
Element: Feuer
2. fixes Zeichen
Herrscher: Sonne ☉
Nebenherrscher: Mond ☽**

Der Löwe ist das fünfte Tierkreiszeichen. Sein Beginn variiert von Jahr zu Jahr etwas und kann auf den 22. oder 23. Juli fallen. Jeder, der an einem dieser Tage geboren wurde und nicht weiß, ob er noch Krebs oder schon Löwe ist, kann dies der Tabelle »Von wann bis wann ist man ein Löwe?« im Anhang entnehmen. Ebenso gibt es Überschneidungen am Ende des Zeitraums. In der Tabelle können Sie auch erkennen, ob Sie noch ein Löwe oder schon eine Jungfrau sind. Im Zweifelsfall muß die Uhrzeit der Geburt bekannt sein. Diese ist am Standesamt des Geburtsortes niedergelegt und wird auf schriftliche Anfrage in aller Regel problemlos mitgeteilt.

Unterschiedliche Anfangstage

Das Tierkreiszeichen-Symbol kann als Löwenhaupt mit Mähne oder auch als stark stilisierte Darstellung des ganzen Tieres interpre-

Symbol

Schlange

tiert werden. Ursprünglich war damit aber wohl eine Schlange gemeint. Von allen Tieren wurden der Schlange die meisten und vielschichtigsten mythologischen Bedeutungen zugesprochen. Wie der Löwe steht auch die Schlange für das Leben und für die Unsterblichkeit; glaubte man doch, daß die Schlange mit jeder Häutung ihr Leben erneuere. Mit dem Löwen gemein hat sie auch ihre Reizbarkeit – das »Aus-der-Haut-Fahren«.

Dem Löwen ist als Hauptherrscher die Sonne zugeordnet, ohne die es bekanntlich kein Leben gäbe. Der heißeste Monat des Jahres ist in der Regel der August, also der Löwe-Monat. Bezeichnenderweise spricht man in dieser Zeit ja auch oft von »brüllender« Hitze.

Das Sonnen-Symbol setzt sich aus einem Kreis, der den Geist versinnbildlichen soll, und einem Punkt in der Mitte, der unter anderem Fruchtbarkeit darstellt, zusammen. Man denke hier nur an eine Eizelle. Eine wörtliche Übersetzung des Sonnen-Symbols wäre demnach »der fruchtbare Geist«, das kreative Denken. Genau darum geht es beim Löwe-Prinzip: die geistige Energie, die etwas Neues schafft. Mit Geist ist hier nicht der Intellekt gemeint, sondern das schöpferische Denken und Empfinden, das stark genug ist, um Ideen in die Tat umzusetzen.

Ähnlich wie der Mond wurde die Sonne in vielen Kulturen keiner Gottheit untergeordnet, sondern selbst als eigenständige verehrt. Der griechische Gott Helios hingegen, der die Sonne verkörperte, bleibt seltsam kontur- und farblos. Was einen allerdings nicht wundern muß: Trägt doch das Sonnenlicht alle Farben in sich, die sich so zum strahlenden Weiß mischen. Dadurch, daß die Sonne alle denkbaren Qualitäten beinhaltet, ist es schwer, ihr eindeutige und scharf umrissene Bedeutungen zuzuordnen. Dennoch oder vielleicht auch deswegen steht sie für das Lebensprinzip schlechthin. Die Vitalenergie des Menschen, bei den Chinesen »Chi« und bei den Japanern »Ki« genannt, ist das, was uns von der unbelebten Materie unterscheidet. Für einen Menschen, der unter diesem Tierkreiszeichen geboren wurde, geht es um nichts weniger, als die Herausforderung dieser Energie zu seinem Lebensthema zu machen. Wer zum Beispiel durch Streß oder Sorgen in seinem Lebensmut eingeschränkt ist, gilt nach westlichen Kriterien als »verspannt«. In der asiatischen Terminologie würde man von einer »Chi-Blockade« sprechen, und in der Astrologie ließen sich Probleme mit der Sonne bzw. dem ihr zugehörigen Löwe-Zeichen nachweisen.

»Chi«

So wie die Sonne gar nicht anders kann, als verschwenderisch zu strahlen und alles mit ihrem Licht zu überfluten, so müssen auch Menschen, die unter diesem Tierkreiszeichen geboren wurden, unübersehbar im Mittelpunkt stehen und andere an ihrer schier unerschöpflichen Lebensenergie und -freude teilhaben lassen. Löwe-Geborene, die dies nicht tun – und davon gibt es leider genug –, verhalten sich wie eine Sonne, die beschlossen hätte, nicht mehr zu scheinen: Sie würde verlöschen und schließlich zu existieren aufhören.

Mittelpunktsmenschen

Es gehört Mut dazu, ein Löwe zu sein, denn graue Mäuse schlüpfen durchs Netz und kommen so aus vielen mißlichen Lagen unbeschadet wieder heraus. Sonnen-Geborene hingegen sind so unübersehbar wie der Planet, der sie beherrscht. Nur wer Schneid und sehr viel Selbstbewußtsein hat, kann ein Leben auf dem Präsentierteller uneingeschränkt angenehm finden. Doch bleibt auch den zurückhaltenderen Vertretern dieses Zeichens gar nichts anderes übrig, als die Flucht nach vorn anzutreten und ein Leben im Mittelpunkt des allgemeinen Interesses anzustreben, wenn sie sich selbst und ihrer Persönlichkeit gerecht werden wollen. Die Möglichkeit, sich zu verstecken und durchzumogeln, wie sie bei manchen anderen Tierkreiszeichen durchaus besteht, ist hier nicht vorhanden. So war die Sonne – neben Jupiter – das Gestirn der Könige. Ein Herrscher, der diesen Namen verdiente, war ja nicht nur Zentrum und Oberhaupt seines Staates, es oblag ihm auch, Umstände zu schaffen, die seinen Untertanen menschenwürdige Lebensbedingungen, das heißt in erster Linie Arbeit und Brot, ermöglichten. Denn *echte* Autorität – und um die geht es vorrangig beim Löwe-Zeichen – ist immer an die Fähigkeit gebunden, anderen etwas geben zu können. Hierzu muß man mitten im Leben stehen, um nicht die Bodenhaftung zu verlieren.

Dies erklärt auch, warum die Sonne und damit ebenso ihr Zeichen Löwe mit dem Archetypus des Vaters in Verbindung gebracht wird: Ist er doch nach traditioneller Vorstellung das Familienoberhaupt, quasi der König seiner Familie. Diese Führungsposition wurde traditionell nur akzeptiert, wenn er in der Lage war, seine Familie zu ernähren, so wie die Sonne die Voraussetzungen für unser

Selbstbe-wußtsein

Autorität

Überleben auf diesem Planeten schafft. Um als Autorität anerkannt zu werden, mußte er auch dazu fähig sein, seine Familie zu schützen und ihr Orientierung zu geben. Erst die Sonne macht alle Dinge sichtbar und ermöglicht es uns »durchzublicken«. Denn was nicht sichtbar ist, kann schließlich auch nicht durchschaut werden. In diesem Sinne stehen deshalb Löwe und Sonne auch für den Geist, das Bewußtsein. Deshalb heißt es, daß einem »ein Licht aufgeht«, wenn man etwas begriffen hat; und geht einem ein besonders großes Licht auf, so ist man »erleuchtet«. *»Durch-blick«*

Die Tierkreiszeichen bauen in ihren Bedeutungen aufeinander auf: Das erste Zeichen, der Widder, symbolisiert in der Natur jeden Neubeginn und damit auch das Keimen der Saat. Der Stier symbolisiert die Wurzelbildung, die Zwillinge das Breiten- und Längenwachstum und die Blütenbildung. Der Krebs ist das Zeichen der Fruchtbarkeit und der Befruchtung, während es im Löwen zur Fruchtbildung kommt. Widder und Löwe sind beides Feuerzeichen, die immer auf eine besonders stark ausgeprägte Vitalität hinweisen. In der Natur zeigt sich dies unter anderem in der Geschwindigkeit, in der sich Entwicklungen vollziehen: Ein Saatkorn kann über Nacht keimen und mehrere Zentimeter wachsen (Widder). In der Löwe-Zeit können binnen weniger Tage halbentwickelte Früchte reifen. *Frucht-bildende Löwe-Zeit*

In dieser Periode geht es deshalb auch im übertragenen Sinne darum, etwas hervorzubringen, schöpferisch und kreativ zu sein. Die Herausforderung ist hier, spontan aus dem Augenblick heraus leben zu können. Das heißt nicht unbedingt, sich auf die faule Haut zu legen und sich dem süßen Nichtstun zu ergeben, obwohl auch dies zum Löwe-Zeichen gehört. Passenderweise deckt sich dieses nämlich weitgehend mit unserer Haupturlaubszeit. Das ist jedoch lediglich *ein* Aspekt. Grundsätzlich geht es darum, daß sich alle schöpferischen und vitalen Prozesse nur sehr begrenzt vorherbestimmen und planerisch festlegen lassen. Dies gilt für den Maler, der auf seine Inspiration wartet, genauso wie für die Mutter, die sich an den Bedürfnissen ihres Säuglings orientieren muß.

In der Krebs-Zeit geht es um unsere Gefühls*eindrücke,* in der Löwe-Zeit um unseren Gefühls*ausdruck.* Nur das, was wir auch tatsächlich leben, zählt und ist etwas wert.

Im Runenalphabet entspricht dem Löwen die Swastika oder die Sig-Rune, die durch den Mißbrauch der Nazis zu trauriger Berühmtheit gelangte. Ihre Bedeutungen sind »Sieg, Sonne, Stärke, Heil, Wärme, Fruchtbarkeit und Abwehr von Feinden«. Die Kraft dieses uralten magischen Glückssymbols, das im asiatischen Raum heute noch völlig selbstverständlich überall in seiner ursprünglichen Bedeutung gebraucht wird, vermag sich darin zu zeigen, daß es im Dritten Reich falsch herum dargestellt wurde. Nach magischer Lehre kehren sich damit auch die Wirkungen um, und es gewinnt die Bedeutung »Niederlage, Dunkelheit, Schwäche, Unheil, Kälte, Unfruchtbarkeit und Wehrlosigkeit Feinden gegenüber«. Nach dieser Theorie haben die Nationalsozialisten also auch mit dem pervertierten Sonnen-Symbol ihren eigenen Untergang heraufbeschworen.

Der Tag der Sonne und damit auch des Tierkreiszeichens Löwe ist – wie der Name ja bereits anzeigt – der Sonntag. Für Menschen, die *Sonntag* dem üblichen Arbeitsrhythmus unterliegen, ist er der Tag mit der größten persönlichen Freiheit, der einzige Wochentag, an dem wir ohne äußere Einschränkungen unser eigener Herr sind. Übrigens: Der Sonntag ist traditionell nicht, wie die meisten Menschen glauben, der letzte Tag der Woche, sondern der erste.

»Typisch Löwe« – Stärken und Schwächen der Löwe-Persönlichkeit

Persönliche Stärken in Stichworten

Anerkannt, anspruchsvoll, begeisterungsfähig, charismatisch, dynamisch, ehrgeizig, fair, freiheitsliebend, fröhlich, großzügig, hilfsbereit, kinderlieb, leidenschaftlich, liebenswürdig, loyal, mitreißend, nicht nachtragend, offenherzig, optimistisch, organisationstalentiert, ausgeprägtes plastisches Vorstellungsvermögen, das Üppige liebend, ritterlich-charmant, schwungvoll, repräsentativ, tatkräftig, tierlieb, überschäumende Lebenskraft aufweisend, überzeugend, unabhängig, verantwortungsbewußt, visuell orientiert, wagemutig, warmherzig, zuversichtlich.

Überschäumende Lebenskraft

Persönliche Schwächen in Stichworten

Abhängig vom Überfluß, angeberisch, autokratisch, autoritär, doktrinär, eifersüchtig, exzessiv, das Bedürfnis habend, geschätzt und gebraucht zu werden, mit Großspurigkeit Minderwertigkeitsgefühl vertuschend, einen Hang zu dramatischen, bühnenhaften Auftritten aufweisend, geltungsbedürftig, großsprecherisch, hemmungslos, sich als cholerisch-lächerlicher Gernegroß aufführend, lobesbedürftig, narzißtisch, selbstherrlich, ungeduldig, sich völlig verausgabend, ein übersteigertes Selbstwertgefühl aufweisend, zur Spielernatur neigend.

Ungeduld

KRAFT

James-Bond-Typus

Die archetypischen Entsprechungen der Tierkreiszeichen und ihrer Planeten lassen sich am schnellsten und einfachsten über möglichst klischeereiche Filme erlernen. In ihnen werden – natürlich unbewußt – die astrologischen Entsprechungen besonders gut deutlich. Anspruchsvolle Filme hingegen vermischen die Typologien die Guten sind nicht nur gut, und die Bösen sind nicht nur böse. Das kommt der alltäglichen Wahrheit zwar sicherlich näher, macht aber auch das Auffinden übergeordneter Prinzipien schwieriger.

In der modernen Filmmärchenwelt ist zum Beispiel James Bond eine typische Löwe-Entsprechung: Die ganze Welt (insbesondere natürlich die der Damen) dreht sich ausschließlich um ihn. Ohne ihn geht nichts, und egal, ob Freund oder Feind, jeder möchte unbedingt mit ihm zu tun haben, und sei es auch nur, um ihn auszuschalten. Im Film wissen wir natürlich, daß unser Held alles gut überstehen wird, in der Realität ist die Sache leider nicht immer ganz so einfach. Auch der mutigste Löwe würde vermutlich einen realen Tag im Leben eines James Bond nicht überleben. Aber man wird ja wohl noch ein wenig träumen dürfen!

Löwen verhalten sich wie die Sonne, und alle Menschen in ihrer Umgebung sind wie die übrigen Planeten, welche die Sonne umkreisen. Zumindest sollte es so sein. In der Tat wird jeder gesunde Löwe im Leben seiner Mitmenschen eine zentrale Rolle einnehmen, und sei es auch nur in der Familie oder im engsten Freundeskreis.

> »L'État c'est moi.«
> (Der Staat bin ich.)
>
> (LUDWIG XIV.,
> DER »SONNEN[!]KÖNIG«)

Lieber der Erste hier als der Zweite in Rom

Ein Löwe, der sich von Vorgesetzten Vorschriften machen lassen muß, wird darunter mehr leiden als jedes andere Tierkreiszeichen. Zum reinen Befehlsempfänger ist er wahrlich nicht geboren. Gesund kann er diese Situation eigentlich nur überstehen, wenn er entweder den Zeitpunkt voraussehen kann, an dem er selbst die Leiter nach oben fällt, oder aber er betrachtet seine Arbeit lediglich als Broterwerb und sucht seinen Lebensmittelpunkt ganz woanders. Ein Löwe, der sich in einer untergeordneten Tätigkeit wohl fühlt (das ist für ihn jede Position, bei der es einen Vorgesetzten gibt), verleugnet entweder seine Natur, oder es ist ihm gelungen, sich an seinem Arbeitsplatz sein eigenes Reich zu schaffen, in das ihm niemand hineinzureden wagt. Zum Löwen paßt vortrefflich das berühmte Caesar-Zitat, das die Überschrift dieses Abschnitts bildet. Caesar soll den Satz nach Plutarch beim Anblick eines elenden Alpenstädtchens ausgesprochen haben.

Schwierigkeiten, sich unterzuordnen

Herrsch-
sucht

Eine sehr wohlhabende Familie nahm sich beispielsweise eine Haushälterin. Innerhalb kürzester Zeit kontrollierte die Dame die Erziehung des Kindes, bestimmte, was wann wie auf den Tisch kam und wann die Familie einen längeren Ausflug zu unternehmen habe, weil Großputz anstand. All dies geschah so schnell und mit einer solchen Selbstverständlichkeit, daß schon vollendete Tatsachen geschaffen worden waren, bevor ihren Arbeitgebern diese Schieflage überhaupt bewußt wurde. Man braucht kein Astrologe zu sein, um zu wissen, daß diese Dame nur eine Löwin sein konnte.

»Veni, vidi, vici.«
(Ich kam, ich sah,
ich siegte.)

(JULIUS CAESAR)

Großzügig-
keit

Löwen sind so gut wie immer ausgezeichnete Gewinner. Das heißt zweierlei: Zum einen trainieren sie schon von Kindesbeinen an, in sämtlichen Bereichen, die sie interessieren, die Besten, Schnellsten, Klügsten und Schönsten zu sein. Zum anderen sind sie ausgesprochen großzügig, wenn erst einmal klargestellt ist, wer hier der Boß ist. Sie lassen sich nur zu gern feiern, und sie verstehen es, ihr Publikum bei Laune zu halten. Ein Löwe, der zu Wohlstand gekommen ist, müßte unter schwerwiegenden persönlichen Problemen leiden, wenn er seine Umgebung nicht großzügig daran teilhaben ließe.

Leider sind nicht alle Löwe-Menschen wohlhabend, und das ist manchmal ein Problem. Einerseits kann man natürlich nur großzügig sein, wenn es überhaupt etwas zu verschenken gibt. Doch einige Löwen sehen einfach nicht ein, daß sie sich in Krisenzeiten einschränken müssen – mit dem Ergebnis, daß sie irgendwann vor einem kaum bewältigbaren Schuldenberg stehen. Das ist zwar glücklicherweise die recht seltene Ausnahme, aber für die Betroffenen natürlich ein großes Problem. Andererseits sind die echten Löwen einfach nicht für die vielen kleinen notwendigen Übel des Alltags geschaffen. Schließlich sind sie zu Großem und Bedeutsamem ausersehen, und da ist es schon notwendig, daß mindestens zwei Menschen ihnen ihren Kram hinterhertragen – sich darum kümmern, daß das, was sie brauchen, auch in ihrer Nähe ist, ihnen die Steuererklärung fertigmachen und all die anderen Nervereien vom Hals halten. Reiche Löwen können jemanden dafür anstellen. Doch seltsamerweise finden auch weniger wohlhabende Löwen fast immer jemanden, der diesen Job freiwillig und unentgeltlich übernimmt. In der Regel ist es natürlich der Partner.

Wohlstand und Schuldenberg

Löwen sind wie gesagt gute Gewinner. Doch gilt leider auch der Umkehrschluß: Sie sind schlechte Verlierer. Die Überlegenheit anderer können sie nur schwer akzeptieren, und so suchen sie sich lieber Menschen, die zu ihnen aufblicken, als solche, von denen sie noch etwas lernen könnten. Niederlagen setzen ihrem Selbstwertgefühl mehr zu als jedem anderen Zeichen. Schließlich wird damit ihre gesamte Identität, sozusagen ihre Daseinsberechtigung, in Frage gestellt. In aller Regel führen Niederlagen, nachdem man sich vom ersten Schock erholt hat, zu noch größeren Anstrengungen und noch größerem Ehrgeiz. In diesem Sinne haben sie sicherlich etwas Positives und Leistungsförderndes. Ein Löwe,

Gute Gewinner – schlechte Verlierer

Krisen-
situationen

der zu viele Mißerfolge im Leben wegstecken mußte, ist ein wenig wie ein entthronter König. *Er* weiß, was ihm zusteht, aber das Leben richtet sich nicht danach. Hier kann im Extremfall große Verbitterung entstehen – bis hin zum Bedürfnis, sich an anderen für die selbst erlittene Unbill zu rächen. Solche Löwen werden dann zu einer traurigen Karikatur ihrer selbst, an nichts und niemandem können sie ein gutes Haar lassen, und sie leben mit dem Trugschluß, daß sie größer würden, indem sie andere Menschen kleinmachen. Glücklicherweise fangen sich die meisten Löwen wieder und finden einen Weg aus der Krise. Wer sollte auch mit großen Problemen fertig werden können, wenn nicht sie. Schließlich gibt es kein vitaleres und mehr dem Leben zugewandtes Tierkreiszeichen als das ihre.

Der Nabel der Welt

Sonnen-
kinder

Die Maxime des Löwen ist der Überfluß, in dem er selbst schwelgt und den er wie Brosamen an seine Vasallen verteilt. Sonnenkinder schenken gern, solange jeder weiß, von wem es kommt, und die Gabe entsprechend gewürdigt wird. Sie mögen es, wenn andere in ihrer Schuld stehen, das gibt ihnen ein Gefühl von Macht und Überlegenheit. Nicht, daß sie dies ausnützen wollten – das ist im Normalfall weit unter ihrer Würde –, aber es stellt doch klar, wer hier wen braucht. In Wahrheit ist es natürlich umgekehrt: Was ist ein Schauspieler ohne sein Publikum, ein Schriftsteller ohne Leser, ein Playboy ohne die Regenbogenpresse und ein Herrscher ohne Volk? Tief im Inneren wissen sie natürlich um diese Abhängigkeit, aber sie tun alles, um diese Tatsache vor sich selbst und anderen zu verschleiern. Und schließlich: *Sie* gibt es nur einmal, während ihr Publikum doch ein wenig austauschbar ist, oder?

»Quod licet Jovi, non licet bovi.« (Was dem Jupiter zusteht, steht noch lange nicht jedem Ochsen zu.)
(WAHRSCHEINLICH IM LATEIN-UNTERRICHT ENTSTANDEN)

Falls es Ihnen noch nicht aufgefallen ist: Löwen sind eitel, gefallsüchtig und interessieren sich in erster Linie für eines, nämlich sich selbst. All dies ist nicht weiter schlimm, handelt es sich doch um Eigenschaften, die wir alle mehr oder weniger in uns tragen. Im Unterschied zu den Löwen sind sie uns oft eher peinlich, und wir suchen sie zu kaschieren. Das ist ja eigentlich ein wenig unehrlich. Nicht so die Löwen: Wenn eine echte Löwe-Dame ihre entsprechende Mähne mit souveräner Kopfbewegung eindrucksvoll nach hinten wirft, dann weiß sie zwar, daß Sie wissen, daß dieser Blickfang lange vor dem Spiegel geübt wurde, aber – na und? Schließlich hat es ja funktioniert, sonst hätten Sie nicht hingeschaut! Und das war auch der Zweck der Sache. Wer sich daran stört, ist vielleicht nur neidisch, weil er sich selbst nicht mit der gleichen Selbstverständlichkeit als Nabel der Welt betrachten kann.

Eitelkeit und Selbstbewußtsein

In dieser Hinsicht sind Löwen wie Kinder, sie können gar nicht anders, als zu glauben, daß alles nur um ihretwillen existiert. Wenn sie das Haus verlassen, hört es ihretwegen auf zu regnen, und die Straßenbahn kommt nur deshalb einige Minuten zu spät, damit sie sie

Kindliches Gemüt

> »Sobald er aufwachte,
> fühlte er sich wichtig,
> so als ob alles von
> ihm abhinge.«
>
> (ALAN ALEXANDER MILNE)

noch erwischen. So leben sie im wahrsten Sinne des Wortes in ihrer eigenen Welt, und wie Kinder tun sie dies mit einer so selbstverständlichen Unschuld, daß man ihnen einfach nicht böse sein kann. Zumindest nicht auf Dauer. Außerdem waren die meisten von uns selbst einmal Kinder, und die Löwen haben, was ihre Weltsicht angeht, einfach nicht damit aufgehört, welche zu sein.

Ehrlichkeit Aus diesem Grund sind sie auch das ehrlichste Tierkreiszeichen. Sie zeigen charmant, aber doch unverblümt, was und wer ihnen gefällt. Auch an ihrem Mißbehagen lassen sie keinen Zweifel. Wenn sie jemandem Komplimente machen, mag dies vielleicht ein wenig gönnerhaft klingen, aber es ist wenigstens ehrlich gemeint, und ein wohlgeratener Löwe spart mit Lob so wenig wie die Sonne mit Licht. Natürlich sind Situationen denkbar, in denen ein Löwe kurze Zeit ohne Publikum auskommen muß. Gerade in Gesellschaft ist dies sicherlich eine der Lebenslagen, mit denen er nicht zurechtkommt. In solcher Not wird er vielleicht auch einmal seinen Charme für jemanden versprühen, an dem ihm eigentlich nichts liegt. Doch das ist die große Ausnahme. Jeder Löwe, der etwas auf sich hält, sucht sich sein Publikum selbst aus. Und das schätzt er mindestens genauso wie es ihn.

Vorliebe für Alle Löwen lieben Märchen. Manche be-
Märchen vorzugen die Bezeichnungen »Sagen« oder »Mythen«. Andere sehen sich lieber Science-fiction- oder Fantasyfilme an. Doch das ist alles das gleiche: Sie träumen einfach gern von einer Welt, in der die Guten schön und

die Bösen häßlich sind, in der die Edlen und Aufrechten am Ende gewinnen und die Missetäter ihre gerechte Strafe erhalten oder – bei entsprechender Einsicht – doch noch begnadigt werden.

Sie mögen Dramatik und Pathos, und wenn es nach ihnen ginge, bestünde das Leben nur aus großen und erhabenen Dingen, und der Abwasch würde ausschließlich von Menschen erledigt, die eine wahre Freude daran haben. Wahrscheinlich ist es das, was sie für die anderen so anziehend macht: Sie weigern sich, das Leben als etwas Alltägliches zu empfinden. Alles muß groß, bedeutsam und unglaublich wichtig sein. Aus diesem Grund besuchen viele Löwen ja auch so gern die Oper. Dort geht es schließlich nicht um die Zahnspange der Tochter oder einen Rasierapparat, der schon wieder nicht funktioniert. Nein, es geht um die Dinge, die wirklich zählen: Liebe, Macht und Tod und natürlich das Schicksal, das sowohl uns bestimmt als auch von uns selbst gestaltet wird. Und das Scheinwerferlicht richtet sich auf den Löwen, der die Hauptrolle spielt – fast wie im richtigen Leben, nur besser.

Hang zur Dramatik

Das Erbauliche an sich ist das Lebenselixier des Löwen, um den Kleinkram sollen sich andere kümmern. So hat man in seiner Gegenwart das Gefühl, selbst auch ein wenig wichtig zu sein und ein nicht völlig sinnloses Leben zu führen. In seiner Nähe scheint die Sonne heller zu scheinen, und seine ungebrochene Hingabe an das Leben bietet ein ausgezeichnetes Heilmittel für alle, die häufig an Depressionen oder Selbstzweifeln leiden.

Das Löwe-Kind

Lebhaftig-keit

Von allen Kindern sind neben den jungen Widdern die Löwe-Kinder die lebhaftesten. Ein ruhiges, in sich gekehrtes Löwe-Kind wird es kaum geben. Falls doch, ist dies eigentlich schon fast ein Grund zur Sorge. In den meisten Fällen ist es so, als ob sie ahnten, daß die Kindheit die angenehmste Zeit in ihrem Leben sein wird, und sie lassen nichts aus, um sie so sehr auszukosten, wie es nur irgendwie möglich ist. So gesehen könnten Sie kein anspruchsvolleres Kind haben. Und in der Tat sind die Junglöwen gerade in den ersten Lebensjahren sehr fordernd, nerven- und kräftezehrend. Aber denken Sie daran: Der Planet des Löwen ist die Sonne, und Löwe-Kinder können wirklich wie der Sonnenschein sein, der einem auch noch den tristesten Alltag vergoldet.

Wenn Sie jemals einen Säugling gesehen haben, der mit dreckigem Lätzchen und vollen Windeln auf seinem Kinderstühlchen thront und dabei auch noch das Kunststück fertigbringt, würdevoll zu wirken, dann handelte es sich vermutlich um Löwen-Nachwuchs. Ab dem Augenblick ihrer Geburt lassen sie keinen Zweifel daran, daß sie es sind, die den Eltern die Gnade ihrer Anwesenheit zukommen lassen, und es deren Aufgabe ist, sich ihrer würdig zu erweisen. Solange das Kind noch sehr klein ist, wird das von vielen nicht in dem Maße ernst genommen, wie dies der Fall sein sollte, das Löwe-Kind ist einfach nur »süß«. Doch sollten sich die Eltern keinen Illusionen hingeben: Der kleine Racker hält sich wahrhaftig für den Mittelpunkt der Welt, und wenn Sie zum Spaß auch noch darauf eingehen, wird ihn nichts und niemand davon abhalten, bei dieser Ansicht zu bleiben. In der Erziehung ist es deshalb alles andere als leicht, den goldenen Mittelweg zu finden: Sind Sie zu streng, werden die Seele und das Selbstwertgefühl des Kindes Schaden nehmen, lassen Sie es gewähren, ziehen Sie einen kleinen Haustyrannen groß, der mit der gesamten Familie nach Belieben umspringt.

»Süße« Tyrannen

> »Wir sind alle Würmer, aber ich glaube, daß ich ein Glühwürmchen bin.«
>
> (WINSTON CHURCHILL)

Säuglinge und Kleinkinder haben eine große Fülle an Rechten, aber noch keinerlei Pflichten. Löwe-Kinder scheinen von Geburt an über diese folgenschwere Information zu verfügen. Sie machen reichlich von ihr Gebrauch und unternehmen alles, damit es bei dieser Regelung auch so lange wie möglich bleibt. Im allgemeinen glauben Eltern, daß sie ihre Kinder erziehen. Wer einen kleinen Löwen hat, lernt schnell, daß es auch umgekehrt geht. Diese Kinder beherrschen alle Tricks der Erwachsenendressur: Solange sie ihren Willen bekommen und für all ihre Bedürfnisse gesorgt ist, werden sie sicherstellen, daß die Eltern vor Stolz und Begeisterung nicht mehr ein noch aus wissen. Bei Eltern, die etwa mit ihrem Nachwuchs gern

Tricks der Erwachsenendressur

Vorzeige-
kinder

angeben, wird das Kind ein wahrer Engel sein, wenn Besuch da ist. Mit Begeisterung führt es kleine Kunststückchen vor, läßt sich bewundern, wie hübsch es ist, und erklärt – sobald es sprechen kann – den Erwachsenen ungefragt den Sinn des Lebens. Brav wie ein Lamm wird es alle Anweisungen seiner Eltern befolgen, so daß die Gäste beim Gedanken an ihren eigenen Nachwuchs vor Neid erblassen.

Sobald die Gäste aus dem Haus sind, wandelt sich das Bild um 180 Grad: Nun müssen die Eltern ihre Geltungssucht in Form von Naturalien – bei älteren Kindern auch mit Geld – bezahlen. Die Kinder bekommen Extraspielzeug, die Eltern müssen die halbe Nacht lang Geschichten vorlesen und so weiter. Im Grunde genommen ist dies nur fair: Das Kind hat den Eltern einen Gefallen getan, nun ist es an ihnen, sich zu revanchieren.

> »Es ist so schön,
> zu herrschen.«
>
> (JOHANN WOLFGANG VON GOETHE)

Löwe-Kinder verstehen es besser als alle anderen, die Schwachpunkte ihrer Eltern zu erkennen und zu ihrem Vorteil auszunutzen. Besser, Sie lassen sich nicht darauf ein; der Preis, den Sie zu zahlen haben, wird sonst immer höher sein, als Ihnen lieb ist.

Um den Hang, andere dominieren zu wollen, in konstruktive Bahnen zu lenken, ist es immer eine gute Idee, den kleinen Löwen so früh wie möglich mit Verantwortung zu betrauen. Das schmeichelt dem Selbstwertgefühl und fördert seine Fähigkeit, Anspruch und Wirklichkeit miteinander in Einklang zu bringen. Schließlich wollen die Löwe-Kinder ja in allem die Größten und Besten sein. Wenn sie auf Haustiere oder

Geschwisterchen aufpassen, können sie ihre Führungsqualitäten unter Beweis stellen. Allerdings ist es ratsam, hin und wieder ein heimliches Auge auf den Nachwuchs zu werfen, wenn er sich in der Betreuung anderer übt. Gelegentlich werden hier despotische und tyrannische Neigungen zum Vorschein kommen. Es hat schon Fälle gegeben, wo kleine Löwen ihre unfolgsamen Geschwister zur Strafe in die Besenkammer sperrten. Schließlich lebt der kleine Löwe ja aus dem Gefühl heraus, der Herrscher der Welt zu sein, und so kann er nach Belieben mit seinen Untertanen verfahren.

Förderung des Selbstwertgefühls

Statt strenger Strafen, die in der Regel nur dazu führen, daß der angeborene Drang zur Macht heimlich und damit völlig unkontrollierbar ausgelebt wird, ist es besser, an seinen Stolz und an sein Gefühl für Ehre und Würde zu appellieren. Unterlegene zu drangsalieren ist selbst ein Zeichen von Schwäche, das leuchtet auch dem Löwe-Kind ein. Üben Sie mit ihm, wie ein guter König mit seinen Untertanen umgeht: Er beschützt die Schwachen, bekämpft die Bösen und ist allen ein leuchtendes Vorbild an Weitsicht, Weisheit und Toleranz. Wenn Sie so vorgehen, wird aus Ihrem Kind vielleicht einmal der verständnisvolle, kluge und geschickte Leiter eines Unternehmens.

Erziehung zum leuchtenden Vorbild

XIX · Die SONNE

Die Löwe-Frau

Eitelkeit und Geltungsbedürfnis

Nichts braucht eine Löwe-Frau mehr als Bewunderung und Anerkennung. Kein Wunder, daß es so viele von ihnen zur Schauspielerei, auf den Laufsteg oder ins Showbusiness drängt. Auch die, die nicht so hoch hinauswollen, lernen schon frühzeitig, sich die Aufmerksamkeit ihrer Umgebung zu sichern. Fast alle Löwinnen haben bereits in der Schulzeit ihre männlichen und weiblichen Fans. Sie wollen, wann immer möglich, die erste Geige spielen. Das Leben ist für sie ein einziges großes Theater, und sie sind nicht bereit, sich mit einer Nebenrolle zufriedenzugeben. Wer mit ihrer Eitelkeit und ihrem Geltungsbedürfnis leben kann, wird in der Löwin die beste Freundin finden, die man sich nur vorstellen kann.

Gefühls-mensch

Die Löwe-Frau ist ein Gefühlsmensch. Das heißt nicht, daß sie sentimental und weinerlich wäre – das ist sie in den seltensten Fällen –, doch sie liebt Pathos und große Gesten. Manchmal mögen ihre Auftritte ein wenig übertrieben und dramatisch wirken. Sie jedoch kann nicht anders, sonst wäre es ihr langweilig.

Wenn man sich die Namen der bekanntesten Löwe-Damen anschaut, so finden sich darunter zum Beispiel Mae West, die Kessler-Zwillinge und Madonna. Neben den (echten oder gefärbten) blonden Haaren ist allen vieren gemeinsam, daß sie den Typus der starken, weiblichen und dabei ausgesprochen selbstbewußten Frau darstellen. Eine Kombination, die schon immer die meisten Männer gleichzeitig fasziniert und verwirrt hat. Unbewußt scheint in vielen Köpfen nach wie vor die *Männer-* Vorstellung verankert zu sein, daß eine Frau *phantasien* entweder schön oder intelligent, entweder emanzipiert oder sinnlich ist. Ein Wesen, das alles in sich vereint, ist für die Männerwelt in gleichem Maße anziehend wie einschüchternd und verschreckend. So können selbst ausgesprochen attraktive Löwen-Damen in jungen Jahren ernsthafte Schwierigkeiten haben, einen Partner zu finden: Männer, die ihnen gefallen würden, halten zu ihnen respektvoll Abstand. Die Annäherungsversuche selbstverliebter Möchtegernplayboys hingegen lassen sie kalt. Da sie für halbe Sachen nicht zu haben sind und, statt sich auf eine »Verlegenheitsbeziehung« einzulassen, lieber allein bleiben, müssen sie häufiger ohne männliche Begleitung auskommen, als ihnen lieb ist. Für ihre Freunde und Bekannten ist es dann oft nicht verständlich, warum ausgerechnet die attraktive Löwe-Dame häufig »solo« ist, während unscheinbarere Geschöpfe doch auch problemlos unter die Haube kommen. Neider beiderlei Geschlechts streuen in solchen Fäl- *Intrigen* len gern die Mär, daß Löwe-Frauen sich für etwas Besseres halten und ein besonderes Vergnügen daran finden, Körbe zu verteilen. Sie müssen dann damit leben, daß man sie für unnahbar und arrogant hält. Glücklicherweise lernen Löwen bereits früh, mit dem Neid und dem Tratsch ihrer Umgebung zurechtzukommen, schließlich sind sie schon immer ein wenig mehr aufgefallen als andere, und wer im Mittelpunkt der Aufmerksamkeit steht, muß auch damit leben, daß über ihn getuschelt wird.

> »Das Lächeln, das du
> aussendest, kehrt zu
> dir zurück.«
>
> (INDISCHES SPRICHWORT)

*Traum-
mann*

In Wirklichkeit sind die meisten Löwe-Frauen wesentlich anlehnungsbedürftiger, als man zunächst annimmt und sie möglicherweise auch vor sich selbst zugeben wollen. Durch ihr selbstbewußtes und selbstsicheres Auftreten wirken sie jedoch in vielen Fällen auf Männer attraktiv, die sich selbst nach einer starken Frau sehnen. Solche Beziehungen können zwar eine kurze Weile gutgehen, geben sie der Löwe-Frau doch die Anerkennung und Bewunderung, die sie so dringend braucht. Doch spätestens dann, wenn sie sich in einer schwierigen Situation von ihrem Partner hängengelassen fühlt, ist der Bruch kaum zu vermeiden.

Eine Löwe-Frau würde, wenn es sein müßte, unter Einsatz ihres Lebens für den Mann ihrer Träume kämpfen, und genau das gleiche erwartet sie auch von ihm. Ein Pantoffelheld, der sich, wann immer Gefahr droht, hinter ihr versteckt, ist nichts für sie. Viele Löwinnen tun sich jedoch auch mit einer starken Persönlichkeit an ihrer Seite schwer. Zu schnell ergeben sich Konkurrenzsituationen, in denen sie im Schatten ihres Partners zu stehen fürchtet. Eine Löwin will sich von niemandem die Show stehlen lassen, auch nicht von ihrem Herzkönig! Dies erklärt zum Teil die Beziehungsprobleme gerade besonders ehrgeiziger und erfolgreicher Löwinnen.

»Normale« Sonnengeborene finden nach einigen Fehlversuchen allerdings fast immer einen guten Kompromiß. Ihr Partner kann sich mit ihnen schmücken und in ihrem Licht sonnen, doch wenn es notwendig ist, können

sie sich auf seine rückhaltlose Unterstützung *Distanz*
verlassen. Das Geheimnis einer befriedigen-
den Partnerschaft liegt bei einer Löwe-Frau in
der richtigen Distanz zum Partner: Auf der
einen Seite sind Nähe und emotionale Intensität sehr wichtig, auf der anderen Seite
braucht sie mehr Freiräume als andere, um
sich nicht an die Kette gelegt zu fühlen. Beziehungen, in denen beide berufstätig sind oder
andere Umstände verhindern, daß man ständig aneinanderklebt, haben hier die größten
Erfolgsaussichten.

Mehr als jedes andere Tierkreiszeichen *Wirtschaft-*
legen typische Löwe-Damen Wert auf wirt- *liche Unab-*
schaftliche Unabhängigkeit und Selbständig- *hängigkeit*
keit. Sie haben nichts gegen einen spendablen
Partner – im Gegenteil –, aber sie wollen nicht
seiner Großzügigkeit ausgeliefert und damit in
ihrem Entscheidungsspielraum eingeschränkt
sein. Schließlich sind sie nicht zu kaufen! Die
Löwe-Damen, die nicht über ein größeres Vermögen verfügen, werden deshalb fast immer
einen eigenen Beruf ausüben. Neben der wirtschaftlichen Unabhängigkeit brauchen sie
auch einfach mehr Selbstbestätigung und Anerkennung, als sich durch ein Hausfrauenda-
sein allein erlangen ließen.

Der Löwe-Mann

In den Zeiten, als richtige Helden noch in *Männlicher*
Mode waren, konnte keiner mit dem Löwe- *Idealtypus*
Mann konkurrieren. Er entsprach einfach un-
eingeschränkt dem Idealtypus vollkommener
Männlichkeit. Heutzutage ist die Situation ein
wenig komplizierter. Es gibt kaum noch Dra-

chen, die getötet werden müssen, um das Leben einer Jungfrau zu retten. Selbst ihre Mäntel können und wollen die meisten Damen heutzutage selbst anziehen. Mit ungebetener Hilfe und ungefragten Ratschlägen kann man sich sogar regelrecht Ärger einhandeln.

Wir leben in einer seltsamen Zeit: Auf der einen Seite bekommen viele Frauen weiche Knie, wenn das Muskelpaket Arnold Schwarzenegger, ein Löwe-Mann, als Rächer aller Unterdrückten auf der Kinoleinwand erscheint, auf der anderen Seite möchten sie daheim doch keinen solchen Supermacho haben. Zumindest werden nur wenige ihr Faible für Löwen zugeben wollen – es ist schlecht für das Image. Schließlich wollen wir die Emanzipation, und die Frauen haben nicht jahrzehntelang für die Gleichberechtigung gekämpft, um begeistert in die Rolle des hilflosen Weibchens zurückzufallen, das einfach nur den richtigen Kerl braucht, um sein Leben in Ordnung zu bringen. Andererseits sind Märchen so populär wie selten, und darin herrschen schließlich noch klare Verhältnisse: Die Frauen wollen nichts anderes als Frauen sein, und deren Platz ist an der Seite des richtigen Mannes. Da ist der Löwe-Mann der Sonne gleich, und die Frau darf ihn wie ein Planet umkreisen und seinen Glanz widerspiegeln. Ein richtiger Mann ist groß und stark und noch das echte Familienoberhaupt. Er hat immer recht und für jedes Problem die richtige Lösung. Wer unter seinem persönlichen Schutz steht, der ist auch in gefährlichster Umgebung sicher wie in Abrahams Schoß. Wer ihn zum Feind hat, hat dagegen sein Leben schon so gut wie ver-

Sicherheit vermittelnde Machos

spielt. Er ist es, der entscheidet, und die anderen richten sich nach seinen Anweisungen. Die Welt hat ein Problem, und nur er kann es lösen.

Solange seine Herzdame bewundernd zu ihm aufblickt und seine Autorität nicht in Frage stellt, wird er keine Sekunde zögern, um sie mit seinem Leben zu verteidigen, denn was einem Löwen einmal gehört, das gibt er niemals wieder her. Und daß er die Partnerin als sein persönliches Eigentum betrachtet, ist ja wohl selbstverständlich. Und sie wird auf dieses Privileg auch noch stolz sein. Niemals ist er mit einem Problem überfordert, niemals gibt es eine Situation, der er ratlos gegenübersteht. Er ist nicht auf der Welt, um sich helfen zu lassen, er ist auf der Welt, um anderen zu helfen. Er braucht keine Ratschläge, er gibt welche. *Autorität*

So ist das in den Märchen. Aber Löwe-Männer lieben Märchen, auch wenn mancher wie gesagt lieber von »Sagen«, »Mythen« oder der »Oper« spricht. Immer geht es um eine Welt, wie sie sein sollte, nämlich mit ihm als uneingeschränktem Mittelpunkt, der anderen großzügig gestattet, seine Anweisungen zu befolgen. Die Welt wäre besser dran, wenn sie sich nach seinen Träumen richtete, und er denkt nicht daran, seine Träume zugunsten der unschönen Realität aufzugeben. *Löwe-Männer lieben Märchen*

Ob sie es zugeben oder nicht: Alle Löwe-Männer sehen sich im Grunde ihres Herzens so, wie es in der Märchenwelt des Superhelden vorgezeichnet wird. Sie glauben fest daran, daß sie zu Besonderem auserkoren sind und man sie in keiner Hinsicht mit dem üblichen Fußvolk vergleichen kann. Sie wissen, daß die *Selbstbild*

Führungs-
anspruch

Welt ein einziges großes Theater ist, in dem sie selbstverständlich die Hauptrolle spielen. Wenn sie gut sind, werden sie mit einem solchen Selbstbewußtsein auftreten, daß sich zumindest in ihrem persönlichen Umfeld genügend Leute finden, die ihren Führungsanspruch akzeptieren. Andere Menschen werden sie gar nicht näher an sich heranlassen: lieber ein einsamer Löwe als ein gezähmtes Hauskätzchen.

Verbitterte
Tyrannen

Das erklärt, warum manche Löwen, die an ihrem allzu anspruchsvollem Lebenskonzept gescheitert sind, zu Sonderlingen und Einzelgängern werden. Einige von ihnen gleiten auch in die Rolle des häßlichen kleinen Haustyrannen ab, der den Frust über seinen Chef unbedingt an der Familie abreagieren muß. Ein Löwe, der sich an Schwächeren vergreift, ist zu einer wahrhaft bejammernswerten Karikatur seiner selbst geworden. Dabei sollte jedoch nicht übersehen werden, daß Löwe-Männer neben ihrer Selbstgefälligkeit und Geltungssucht höhere Erwartungen an sich selbst stellen als jedes andere Sonnenzeichen. Dem großen Anspruch an sich gerecht zu werden, nämlich immer stark und überlegen zu sein und den äußeren Erfolg mit völliger Gelassenheit als selbstverständliches Nebenprodukt ihrer Einmaligkeit zur Kenntnis zu nehmen, ist alles andere als einfach. Schließlich ist jeder einmal schwach, hilfesuchend oder in einer Krise. Nicht so ein Löwe-Mann. Natürlich wird er wie jeder andere Mensch auch mit seinen Schwächen fertig

»Vom Erhabenen zum Lächerlichen ist nur ein Schritt.«

(NAPOLEON)

werden müssen, aber er wird noch mehr Energie dafür brauchen, um sich und seinen Mitmenschen vorzuspielen, daß er gar keine hätte.

Nicht jedem Löwe-Mann wird es gelingen, die Spitzenposition im Leben einzunehmen, die er für sich vorgesehen wähnt. Mancher wird über das Auseinanderklaffen von Anspruch und Wirklichkeit verbittert oder zerbricht gar daran. Andere suchen sich Nischen, in denen sie sich ungestraft ausleben können. Ich erinnere mich zum Beispiel gut an einen Schüler, der in den Pausen unserer Seminare selbst noch ein wenig dozierte und den übrigen Teilnehmern gern die ungeklärten Fragen beantwortete, die mein Unterricht aufgeworfen hatte. Ein anderer war Beamter geworden – nicht unbedingt das, was dem Selbstverständnis eines Löwen entspricht. Eines Tages kaufte er sich einen Spazierstock, der den Knauf eines Zepters hatte. Von diesem Zeitpunkt an legte er ohne diesen Spazierstock keinen Schritt mehr zu Fuß zurück, weder im Privatleben noch am Arbeitsplatz. Dieses anachronistisch-aristokratische Auftreten brachte ihm in seinem Bekanntenkreis den liebevoll-spöttischen Spitznamen »König Erwin« ein. Scheinbar hörte er dies nicht ungern, denn seinen majestätischen Spazierstock führt er jedenfalls immer noch mit sich.

Offensichtlich besteht nach wie vor ein großer Bedarf an Vorbildern, Übervätern und Persönlichkeiten, die man hemmungslos bewundern kann. Insbesondere in der Damenwelt haben Löwe-Männer oft einen rational nicht mehr erklärbaren Erfolg. Vermutlich hat

Anspruch und Wirklichkeit

Erfolg bei der dem Löwen eigene scheinbare oder wirk-
den Frauen liche Mangel jeder Form von Selbstzweifel auf
viele Frauen eine stark erotisierende Wirkung.
Wie anders wäre es sonst zu erklären, daß
viele Löwe-Männer weder besonders attraktiv
noch außergewöhnlich gebildet oder wohlhabend, aber dennoch ständig von einer Schar
Bewunderinnen umgeben sind, die sich nichts
sehnlicher zu wünschen scheinen, als von
ihnen herumkommandiert zu werden?

Die Bedeutung des Geburtstages

Das folgende Kapitel behandelt die einzelnen Geburtstage, die in Gruppen von jeweils drei Tagen zusammengefaßt sind. Dies erlaubt eine wesentlich persönlichere Deutung, als es über das Tierkreiszeichen allein möglich wäre. Wenn Sie die Aussagen zu den jeweiligen Geburtstagen mit dem, was Sie über das Tierkreiszeichen Löwe gelesen haben, kombinieren, werden Sie die Löwe-Persönlichkeit mit Sicherheit noch besser getroffen finden.

Ergänzender Hinweis: Die in den Geburtstagsgruppen gemachten Aussagen leiten sich von den sogenannten »Kritischen Graden« ab. Diese kommen in unterschiedlicher Häufigkeit über den gesamten Tierkreis verteilt vor. Wenn Sie also – etwa beim gründlichen Vergleich verschiedener Bände aus dieser Reihe – zu unterschiedlichen Daten den gleichen Text vorfinden sollten, ist dies kein Fehler, sondern Absicht. Bei diesen Menschen stand die Sonne zum Zeitpunkt der Geburt eben auf dem gleichen »Kritischen Grad«.

(21.) 22. bis 24.7. (29 Grad Krebs bis 1 Grad Löwe)

Menschen, die an diesen Tagen geboren wurden, weisen oft eine ganz außergewöhnliche Ausstrahlung auf: Sie wirken häufig in der einen oder anderen Hinsicht »unirdisch« oder ätherisch. Dies kann sich in einem besonders zarten

Ätherische Ausstrahlung

Äußeren, einer außergewöhnlich wohlklingenden Stimme oder auch »nur« in einem ausnehmend liebenswürdigen Verhalten äußern.

Diese Konstellation ist ein sicheres Zeichen für eine gewisse Naivität, die sich in einem eigentümlichen Urvertrauen in die Menschen und das Leben äußert. Dies weckt regelmäßig die Beschützerinstinkte von Angehörigen und Freunden, die fürchten, daß diese Löwen mit ihrer »Weltfremdheit« unter die Räder kommen könnten.

Unbestreitbar begeben sich tatsächlich viele Löwen vor allem in jungen Jahren in gelegentlich haarsträubend gefährliche Situationen. Allerdings geschieht dabei nur in den seltensten Fällen ein Unglück. So eigentümlich diese Löwe-Geborenen an das Leben und seine Herausforderungen heranzugehen scheinen, es wäre ein großer Fehler, sie zu unterschätzen. Der Erfolg gibt ihren unkonventionellen Vorgehensweisen nur allzuoft recht.

Menschen mit dieser Konstellation sind ausgesprochen gefühlsintensiv. Sie sind von heftigen Emotionen bewegt und müssen diese auch ausleben, um sich wohl und gesund zu fühlen. Dies kann sich im Drang nach körperlicher, sportlicher Betätigung oder auch im Künstlerischen äußern.

Stimmungs-schwan-kungen

Gelegentlich werden sie sich als Opfer ihrer eigenen Stimmungsschwankungen empfinden – allerdings nur, wenn sie in einer Umwelt leben, die ihrem Selbstentfaltungsdrang allzu enge Grenzen setzt.

Ansonsten sind sie »Saisonarbeiter«: Wenn sie von einer Idee begeistert sind, können sie über Wochen und Monate sehr hart arbeiten

und mit einem Minimum an Schlaf auskommen. In Phasen von Mutlosigkeit mag ihnen
dann allerdings genauso die kleinste Anstren-
gung zuviel sein.

Das Zusammenleben mit ihnen mag nicht *Abwechs-*
immer leicht sein, da es einfach unmöglich ist, *lung*
sich ihrer Ausstrahlung und ihren Stimmungen zu entziehen. Auf der anderen Seite wird
es mit ihnen bestimmt niemals langweilig, da
sie einen permanent mit neuen Ideen, Projekten, Liebschaften und ähnlichem in Atem
halten. Gelegentlich geht ihnen die Gefühls-
achterbahn ihres Lebens selbst ein wenig auf
die Nerven, und sie sehnen sich nach einer
entspannenden Routine. In solchen Situationen werden Tages-, Wochen-, Monats- oder gar
Jahrespläne aufgestellt. Aber machen Sie sich
keine Sorgen: Die unter dieser Konstellation
Geborenen sind viel zu sehr gefühlsbestimmt,
als daß sie einer seelenlosen Routine längere
Zeit anhängen könnten.

Wenn andere Konstellationen dies bestätigen, liegt hier eine schöpferische oder kunst-
handwerkliche Begabung vor.

Menschen, die an diesen Tagen geboren
wurden, haben einen überdurchschnittlich
guten physischen Gleichgewichtssinn, was aus
ihnen gelegentlich begnadete Turner und Arti-
sten werden läßt. Fast alle Frauen mit dieser
Konstellation und die meisten Männer sind ex-
zellente Tänzer.

25. bis 27.7. (2 bis 4 Grad Löwe)

Menschen, die an diesen Tagen geboren wurden, sind immer ungewöhnliche und originelle

Vorliebe für Extreme

Persönlichkeiten, die sich durch eine Vorliebe für Extreme auszeichnen. Ein gutes Beispiel ist ihr Ordnungssinn: Entweder sie haben keinen, oder alles muß penibel an seinem Platz sein, für das Mittelmaß sind sie nicht gemacht. Im Umgang mit anderen sind sie entweder außergewöhnlich aggressiv oder besonders freundlich. Ihre Zukunft ist sorgfältig geplant, oder sie leben eher chaotisch in den Tag hinein. Kompliziert wird diese außergewöhnliche Persönlichkeitsstruktur noch durch die Tatsache, daß sie je nach Lebensbereich gegensätzliche Eigenschaften aufweisen kann. So mag jemand in seinem Privatleben ein Ordnungsfanatiker sein, während er seinen Arbeitsplatz in dieser Hinsicht vernachlässigt – oder (was häufiger vorkommt) umgekehrt. Manche sind im Umgang mit Untergebenen besonders zuvorkommend, während sie sich mit Arbeitskollegen ständig heftige Auseinandersetzungen liefern und so weiter. So fällt es nicht leicht, sie zu verstehen, und sie haben oft selbst Probleme damit.

Doch wer an diesen Tagen geboren wurde, hat die besondere Chance, zu sich selbst zu finden, und zwar indem er den Sinn anerzogener Einschränkungen und Tabus immer wieder hinterfragt. Auf diesem Weg kann er die Entscheidungsfähigkeit erwerben, sich selbst gerecht zu werden, ohne anderen damit zu schaden, wo es nötig ist, besondere Opfer bringen und sich über falsche Moralvorstellungen hinwegsetzen.

Entscheidungsfähigkeit

Entwickelte Persönlichkeiten versprechen nicht mehr, als sie halten können. Im Umgang mit anderen und in der Partnerschaft fällt es

ihnen leichter als vielen anderen, verbindlich *Natürliche*
zu sein. Allerdings brauchen sie ihre Zeit, bis *Autorität*
sie bereit sind, sich auf einen anderen Menschen vollständig einzulassen. So genießen sie
in ihrer persönlichen Umwelt eine natürliche
Autorität, sind glaubwürdig, und die anderen
schätzen sie für ihre Zuverlässigkeit.

Menschen, die an diesen Tagen geboren wurden, haben oft instinktiv verstanden, daß man
nur für Dinge auf Dauer Verantwortung über-
nehmen kann, an denen man auch Freude hat.
So ist es zum Beispiel sicherlich wesentlich
leichter, einem Partner treu zu sein, wenn man
sich zu diesem körperlich hingezogen fühlt und
die Sexualität für beide Seiten befriedigend ist.
Auch geschäftliche Vereinbarungen wird man
gern und ohne Mühe eingehen und einhalten
können, wenn man von ihnen profitiert.

Menschen mit dieser Konstellation sind oft
überdurchschnittlich ausgeglichen und sowohl
psychisch als auch seelisch gesund, da sie es
verstehen, sich ihr Leben ihren persönlichen
Neigungen und Fähigkeiten angemessen ein-
zurichten. Sie setzen sich Ziele, die sie weder *Ziele*
über- noch unterfordern. So verschaffen sie
sich Erfolgserlebnisse, die ihnen zu einem gesunden Selbstbewußtsein verhelfen.

Falls keine anderslautenden Konstellationen dem entgegenstehen, erfreuen sie sich bis
ins hohe Alter einer erfüllten Sexualität und
robuster Gesundheit.

28. bis 30.7. (5 bis 7 Grad Löwe)

Wer in diesen Tagen geboren wurde, besitzt *Vertrauen*
ein unerschütterliches Vertrauen der Welt und

dem Leben gegenüber. Mancher mag die Betreffenden gar für naiv halten, weil sie einfach nicht bereit sind, sich durch Rückschläge entmutigen zu lassen. Doch das ist nur der Neid der Pessimisten.

Ein solcher Löwe wird so gut wie niemals in eine Lebenslage kommen, die er nicht meistern könnte, so schwer sie auch sein mag. Wenn Löwen mit diesen Geburtstagen etwas mißlingt, probieren sie es einfach so lange aufs neue, bis es klappt. Eine besondere Fähigkeit ist hier, die eigenen Grenzen erkennen zu können: Dinge, die einem nicht liegen oder die einen überfordern, werden gar nicht erst ins Auge gefaßt. So ist der Erfolg in allem, was sie beginnen, fast schon garantiert. Allerdings besteht oft auch eine gewisse Abneigung gegen Anstrengungen, zumindest solange sie nicht unbedingt notwendig sind. Nur wenige Menschen mit dieser Konstellation lieben kräftezehrende Hobbys, dafür sind sie einfach zu bequem. Auch bei der Arbeit achten sie darauf, daß sie sich nicht überanstrengen, was ihnen allerdings längst nicht immer in dem Umfang gelingt, wie sie sich dies wünschen würden. Besser als die meisten anderen Menschen können *Sponta-* nen sie sich blitzschnell auf neue Situationen *neität* einstellen. Spontane Entscheidungen und Unternehmungen lieben sie besonders.

All diese Umstände bewirken, daß sie in Ausbildung und Beruf in vielen Fällen ihre Chancen nicht völlig ausschöpfen, sondern sich mit weniger zufriedengeben, als möglich wäre. Dennoch verschafft ihnen das im Leben nur in den seltensten Fällen Nachteile. Sie lieben viel zu sehr die Abwechslung, als daß sie

Freude an einer zehnjährigen Berufsausbildung mit anschließendem Praktikum finden könnten. So üben auch nur wenige ein Leben lang den gleichen Beruf aus. Wo dies der Fall ist, bietet er so viel Abwechslung und neue Herausforderungen, daß Langeweile kaum aufkommen kann. *Abwechslung und Herausforderungen*

Besonders sympathisch macht sie ihre instinktive Abneigung gegen alle Formen von Gewalt. Menschen, die in diesen Tagen Geburtstag haben, gehören zu den friedlichsten. Lediglich wenn man sie oder ihre Lieben angreift, kann sie ein heiliger Zorn packen, wobei der Überraschungseffekt auf ihrer Seite ist: Das Gegenüber hätte ihnen eine solche Reaktion nie zugetraut und ist deshalb schon überrumpelt, bevor es die Situation überhaupt erfassen konnte.

Vor allem Frauen, die an diesen Tagen geboren wurden, neigen überdurchschnittlich oft zu Eisenmangel und Kreislaufstörungen, besonders zu niedrigem Blutdruck. Hier kann ein mäßiges, aber regelmäßiges Kreislauftraining wie Schwimmen, Laufen oder Radfahren wahre Wunder wirken.

31.7. bis 2.8. (8 bis 10 Grad Löwe)

Diejenigen, die an einem dieser Tage geboren wurden, gehören zu den empfindsamsten Vertretern ihres Tierkreiszeichens. Es geschieht kaum eine Regung in ihrer Umwelt, die ihnen entgehen könnte. So wissen sie auch über das, was in ihrem Partner vor sich geht, oft schneller und besser Bescheid als er selbst. So schön es für diesen ist, mit jemandem zusammenzusein, der ihn blind versteht und entsprechend auf ihn *Empfindsamkeit*

Verletzbar-
keit

eingehen kann, hat diese Konstellation doch nicht nur Vorteile: Schließlich hat jeder seine kleinen Geheimnisse, die er gern für sich behalten möchte. Wer sich permanent durchschaut fühlt, reagiert auch einmal mit deutlichem Unbehagen oder wird sogar regelrecht wütend. Die an diesen Tagen Geborenen fühlen sich dann durch solche Reaktionen zu Recht verletzt und gekränkt, schließlich können sie nichts für ihren Spürsinn, und sie haben es doch nur gut gemeint. Diese Löwen lernen früh, ihre Fähigkeiten, so gut es geht, vor anderen und schließlich sogar vor sich selbst zu verstecken.

Viele Menschen mit dieser Konstellation unterschätzen sich und ihre Fähigkeiten. Häufig ist hier die Ursache im Elternhaus zu suchen, wo vielleicht zuwenig Nestwärme vorhanden war oder – was oft der Fall ist – zuviel Kritik geübt wurde. Das Resultat ist leider in vielen Fällen eine überkritische Einstellung sich selbst gegenüber: Niemals ist man mit sich selbst und dem, was man erreicht hat, zufrieden. In – glücklicherweise seltenen – Extremfällen kann dies in einem regelrechten Selbsthaß gipfeln, der jede Lebensfreude bereits im Keim erstickt. Insbesondere bei Frauen kann dies sogar zu gesundheitsschädlichen Eßstörungen führen. In Freundschaften und Beziehungen ist es deshalb für sie besonders wichtig, daß man ihnen Anerkennung und emotionale Unterstützung entgegenbringt. Wenn sie spüren, daß sie jemand wirklich mag und akzeptiert, kennt ihre Dankbarkeit kaum Grenzen, auch wenn sie sich dies selbst vielleicht nicht eingestehen können. Aus Angst, verletzt zu werden, fällt es ihnen oft schwer,

Anerken-
nung

anderen zu zeigen, was sie für sie empfinden.
Ist jedoch erst einmal das Eis gebrochen, können sie ausgesprochen stürmisch und leidenschaftlich sein. Allerdings dauert es recht
lange, bis sie einem anderen Menschen uneingeschränkt vertrauen; und der kleinste Mißklang kann dazu führen, daß sie sich wieder in
ihr Schneckenhaus zurückziehen. Ihr Gefühlsleben gleicht manchmal einer Achterbahn, in der Niedergeschlagenheit unmittelbar
in Begeisterung umschlägt und umgekehrt.

Achterbahn der Gefühle

Sie lieben es, aktiv zu sein, sind meist sport-
lich und ehrgeizig. Solange ihnen ihre Stimmungen nicht in die Quere kommen, können
sie in kurzer Zeit Außergewöhnliches leisten.
Sogar harte Arbeit kann ihnen Spaß machen
und Selbstbestätigung geben.

So vorsichtig sie auch normalerweise vorgehen, in wichtigen Lebenssituationen neigen
sie zu vorschnellen Entscheidungen, dies gilt
sowohl für den Beruf als auch für Partnerschaften. Hier kostet es sie oft viel Kraft und
Ausdauer, um einmal gemachte Fehler zu kor-
rigieren. Zum Glück haben sie von beidem
mehr als genug.

Viele Menschen mit dieser Konstellation besitzen unentdeckte künstlerische, ästhetische
und organisatorische Fähigkeiten, die sie fördern und entwickeln sollten. Auf diese Weise
können sie einen Ausgleich zu ihren alltäglichen Belastungen schaffen.

3. bis 5.8. (11 bis 13 Grad Löwe)

Menschen, die an einem dieser Tage geboren
wurden, sind die typischsten Vertreter ihres

*Glücks-
kinder*

Zeichens. Die meisten von ihnen sind regelrechte Glückskinder. Was sie anpacken, gelingt ihnen auch so gut wie immer. Die Schwierigkeiten in ihrem Leben scheinen nur dafür da zu sein, damit sie sich beweisen können, daß es kaum etwas gibt, mit dem sie nicht fertig werden. Diese Menschen brauchen regelrecht große Herausforderungen, um sich selbst zu bestätigen und an ihnen zu wachsen. Ein Leben, das allzusehr in überschaubaren Bahnen verläuft, gibt ihnen nicht ein Gefühl von Sicherheit, sondern sie langweilen sich zu Tode.

Mancher geht in solchen Situationen unnötige Risiken ein. Das können gefährliche Sportarten, der Hang zum Glücksspiel oder gar illegale Aktivitäten sein. Und das alles nur, um sich ein wenig Nervenkitzel zu verschaffen. Wenn sie dann einige Jahre später zurückblicken und sich an ihre »Jugendsünden« erinnern (die durchaus nicht nur in der Jugend begangen werden), erschrickt so mancher nachträglich und ist baß erstaunt, aus soviel sträflichem Unsinn mit heiler Haut davongekommen zu sein.

*Überschäu-
mende Le-
bensenergie*

Viel einfacher sind diejenigen dran, die ihre überschäumende Lebensenergie schon frühzeitig in konstruktive Bahnen lenken konnten. Menschen, die ihre berufliche Karriere auf der Überholspur machten, sind überdurchschnittlich häufig an diesen Tagen geboren. Ihre zahlreichen Erfolge sind niemals etwas, das sie auf Dauer befriedigen könnte, sondern lediglich Etappen auf einem Lebensweg, der kein endgültiges Ziel zu kennen scheint. Diese Löwe-Geborenen müssen darauf achten, daß sie sich und ihre Angehörigen auch einmal ein wenig

Muße gönnen. Denn was nützen Erfolg und
Wohlstand schon, wenn man sich nicht die
Zeit nimmt, diese auch einmal zu genießen?

In Beziehungen verlangen sie ihrem Partner
ein hohes Maß an Toleranz ab. Das macht eine
Lebensgemeinschaft oder eine Ehe nicht einfacher. Nicht jeder ist dafür gemacht, mit
einem derartigen Energiebündel umgehen zu
können. Wer es allerdings mit ihnen aushält,
wird dafür mehr als reichlich belohnt: In
puncto Großzügigkeit und Hilfsbereitschaft
nimmt es so schnell keiner mit ihnen auf.

Toleranz

6. bis 8.8. (14 bis 16 Grad Löwe)

Menschen, die an einem dieser Tage geboren
wurden, sind in der Umsetzung ihrer Arbeits-
aufgaben und persönlichen Pläne recht spontan. Manche würden sie gar als sprunghaft und
unbeständig bezeichnen. Ihre mangelnde Konsequenz läßt sie vielleicht ein wenig chaotisch
erscheinen, dafür sind sie begeisterungsfähig
und nur selten nachtragend.

*Sponta-
neität*

Da sie selbst Wortbrüchigkeit nicht mögen,
gewöhnen sie sich oft schon in jungen Jahren
an, feste Zusagen, wann immer es geht, zu vermeiden. Denn Versprechen, die man nicht
gibt, kann man auch nicht brechen.

Menschen mit dieser Konstellation im Horoskop, werden sich mit allem Durchschnitt-
lichen und Mäßigen schwertun. »Entweder
richtig oder gar nicht« scheint ihre Devise zu
sein. Ihr Verhalten mag auf manche schon fast
manisch-depressiv wirken; wenn sie sich für
etwas begeistern, dann ist die Begeisterung im
wahrsten Sinne des Wortes grenzenlos. Doch

Enthusiasmus und Enttäuschung

dieser Überschwang kann blitzschnell in heftigste Ernüchterung umkippen, genügt doch schon eine Kleinigkeit, um Enthusiasmus in Enttäuschung zu verwandeln. Da ihr Herz allzu schnell Feuer fängt, sind sie von Euphorie gepackt, bevor sie den tatsächlichen Sachverhalt auch nur annäherungsweise überschauen können.

Ausdauer und Geduld gehören nicht immer zu den von ihnen geschätzten und kultivierten Eigenschaften. »Was du tun willst, tue gleich« scheint ihr Motto zu sein. Wünsche und Pläne werden unmittelbar in die Tat umgesetzt, was auch notwendig ist, da sich die Interessen häufig ändern. So erwirbt man sich ein umfangreiches Wissen zu einer Vielzahl von Themenkreisen, die sich gegenseitig ergänzen. Zahlreiche Löwen mit dieser Konstellation verfügen deshalb über eine Vielzahl von Ausbildungs- und Lebenserfahrungen, die sie zu gefragten Experten machen.

9. bis 11.8. (17 bis 19 Grad Löwe)

Diese Konstellation kann auf künstlerische Neigungen und Fähigkeiten hindeuten. Eine besondere Beziehung zur Mode, zu Farben und zur Malerei scheint oft vorhanden zu sein. In geringerem Maße gilt dies auch für die Musik.

Vielfach ist eine gesteigerte Genußfähigkeit vorhanden: Diese Menschen essen und trinken gern und sind auch anderen Sinnesfreuden nicht abgeneigt. Kaum einer, der in diesem Zeitraum geboren wurde, ist zum Asketen und Abstinenzler geboren.

Wenn andere Konstellationen nicht dagegensprechen, handelt es sich fast immer um ausgesprochen gesellige Naturelle, die ihre Freizeit am liebsten mit einem möglichst großen Freundes- und Bekanntenkreis verbringen. Gemeinsame Feiern mit »Wein, Weib und Gesang« verschaffen ihnen mehr Freude und Befriedigung als das Erreichen ehrgeiziger Ziele oder besonderer öffentlicher Anerkennung. Dennoch haben viele gesellschaftlich Erfolgreiche diese Konstellation, doch die wenigsten würden für ihren neu erlangten Status ihre alten Freunde und Gewohnheiten völlig aufgeben.

Geselligkeit

In manchen Fällen kann diese Konstellation auch auf eine Persönlichkeit hindeuten, die auf materiellen Wohlstand und persönliche Beziehungen nur wenig Wert legt. Manche Misanthropen sind an diesen Tagen geboren. Persönliche Enttäuschungen können im Extremfall dazu geführt haben, daß man sich bewußt aus dem sozialen Leben zurückzieht oder gar zum Eigenbrötler wird.

Erstaunlich viele Tierärzte weisen diesen Aspekt auf. Hier scheint die Tierliebe eine Art Ersatz für unbefriedigende zwischenmenschliche Beziehungen zu sein.

Tierliebe

In aller Regel äußert sich diese Konstellation jedoch weitaus weniger dramatisch: Diese Menschen haben manchmal ein wenig »hölzerne« Umgangsformen und bemühen sich, von der Unterstützung anderer so unabhängig wie möglich zu sein. Sie sind häufig ausgesprochen pragmatisch veranlagt, was sich zum Beispiel in besonderem handwerklichem Geschick äußern kann. Oft ist die Neigung vorhanden, im Privatbereich auf überflüssigen Luxus verzichten zu können und sich auf die elementaren Dinge zu konzentrieren.

12. bis 14.8. (20 bis 22 Grad Löwe)

Für Menschen, die an einem dieser Tage geboren wurden, ist das Wort »Einsamkeit« scheinbar ein Fremdwort. Sie brauchen bloß vor die Tür zu gehen, und schon lernen sie jemanden kennen, oder sie treffen einen alten Bekannten. Es scheint eine fast magische Ausstrahlung von ihnen auszugehen, so daß fast jeder, der sie kennenlernt, mehr mit ihnen zu tun haben möchte.

Magische Ausstrahlung

Diese Anziehungskraft bleibt ihnen selbst natürlich nicht verborgen. Schon früh lernen sie, mit ihrer besonderen Ausstrahlung umzugehen: Wer auf sie zugeht, erhält eine freundliche, aber völlig unverbindliche Reaktion. Je mehr jemand den Kontakt zu ihnen sucht, um so geschickter entziehen sie sich. Dabei werden sie sich hüten, jemanden vor den Kopf zu stoßen oder ihm zu sagen, daß sie an ihm nicht interessiert sind. Sie verstecken sich einfach immer mehr hinter ihrer äußeren Fassade. Damit werden sie natürlich mit der Zeit undurchschaubarer und geheimnisvoller und damit erst recht interessant und begehrenswert. Dieser Umstand öffnet ihnen alle Türen. Ob im Beruf oder im Privatleben, sie haben immer die richtigen Beziehungen, um das zu bekommen, was sie wollen.

Insgeheim leiden sie jedoch auch unter diesem Umstand. Schließlich wollen sie sich beweisen, daß sie aus sich heraus, allein und ohne fremde Hilfe ihr Leben meistern und ihre ehrgeizigen Ziele erreichen können. Doch wem die Tür geöffnet wird, der macht sich nur selten die Mühe, sie selbst zu schließen, um sie anschließend einrennen zu können. So leidet mancher heimlich unter Minderwertigkeitsgefühlen, da ihm jede echte Selbstbestätigung fehlt: Es sind immer die anderen, die ihm Anerkennung geben. Doch was nützt das, wenn man sich dabei im Grunde seines Herzens wie ein Falschspieler vorkommt?

So sehr sie vom Schicksal begünstigt sind, so schwierig ist es für sie auch, ihre Lebensaufgabe zu meistern: nämlich eine Persönlichkeit zu entwickeln, die sich Ziele setzt und erreicht, die nur allein bewältigt werden können. Nur so läßt sich die Angst vor Intimität und emotionaler Nähe überwinden, nur so kann echte Partnerschaftsfähigkeit erlernt werden.

15. bis 17.8. (23 bis 25 Grad Löwe)

Wer an einem dieser Tage Geburtstag hat, ist meist eine echte Genießernatur. Die angenehmen Seiten des Lebens üben einen unwiderstehlichen Reiz auf diese Menschen aus. Und wenn sie ehrlich sind, geben sie auch gern zu, daß sie gar kein Bedürfnis danach haben, zu widerstehen. Allerdings sieht man einigen von ihnen ihre Vorliebe für gutes Essen und Trinken mit der Zeit auch an, ein Umstand, der sie nicht kaltläßt. Schließlich sind sie Ästheten, und sie wollen nicht nur schöne Dinge um sich herum haben, sie wollen auch selbst schön sein.

Ihre grundsätzliche Lebenseinstellung ist: leben und leben lassen. Die meisten von ihnen

Genießernatur

Gutmütig-
keit

sind erstaunlich gutmütig, es liegt ihnen kaum daran, in Wortgefechten zu obsiegen oder immer das letzte Wort zu behalten. Im Gegenteil: Sie sind im Vergleich zu anderen Löwen erstaunlich beeinflußbar und immer bereit, sich von anderen inspirieren zu lassen. Wird ihre Gutmütigkeit allerdings allzu offensichtlich ausgenutzt, können sie zu Furien werden. Ehrgeiz plagt sie nur so lange, bis sie eine Lebenssituation geschaffen haben, in der sie es sich behaglich einrichten können. Ab dann bedeuten ihnen Freizeit und das Zusammensein mit Freunden mehr als gesellschaftliche Anerkennung, Karriere oder gar Ruhm.

Oft verfügen sie über eine künstlerische Begabung, vor allem für die Musik. Viele Kunst- und Musikkritiker besitzen diese Konstellation. Doch auch Feinschmecker und Weinkenner kommen besonders häufig vor. Viele von ihnen können selbst hervorragend kochen. Manche werden aktive Künstler, sei es in der Musik, der Malerei, der bildenden Kunst, dem Theater oder dem Tanz. In solchen Fällen kommt es oft zufällig oder fast gegen ihren Willen zu einer Karriere: Wenn sie von einer Sache völlig begeistert sind, vergessen sie einfach ihren Hang zum bequemen Leben, und bei entsprechendem Talent stellt sich der Erfolg fast zwangsläufig ein.

18. bis 20.8. (26 bis 28 Grad Löwe)

Die Menschen, die an diesem Tag geboren wurden, zeichnen sich fast immer durch eine besondere Gradlinigkeit aus. Sie leben nicht in den Tag hinein, sondern verfolgen hochgesteckte und ehrgeizige Ziele. Dafür sind sie auch bereit, Opfer in Kauf zu nehmen. Es ist nicht ungewöhnlich, daß sie bereits als Kinder oder Jugendliche wissen, welchen Beruf sie einmal ergreifen wollen, und was sie sich einmal in den Kopf gesetzt haben, das erreichen sie auch. Meist sind sie für einen Löwen auffallend zurückhaltend und ernsthaft, so daß sie mancher leicht unterschätzt. Wer jedoch einen zweiten Blick riskiert, merkt schnell, daß ihnen einfach nichts daran liegt, sich vorteilhaft in Szene zu setzen. Immer geht es ihnen um die Sache und nicht um die Show.

Sie sind besser als andere Menschen in der Lage, Situationen sachlich zu beurteilen. Ungefragt werden sie ihre Ansichten nur selten mitteilen, aber es lohnt sich immer, sie danach zu fragen. Ihr ausgeprägter Gerechtigkeitssinn macht sie zu guten Anwälten – im wörtlichen und übertragenen Sinne des Wortes. Wenn sie für eine gute Sache kämpfen, können sie eine unerwartete Begeisterungsfähigkeit und Überzeugungskraft entwickeln. In Verbindung mit ihrer Zähigkeit sind dies optimale Voraussetzungen, um ihren Interessen zum Durchbruch zu verhelfen.

Gutes Urteilsvermögen

Menschen, die an diesen Tagen geboren wurden, brauchen oft länger als andere, um persönliche oder berufliche Entscheidungen zu fällen, schließlich will alles bei ihnen genau überlegt sein. Auch in Beziehungen lassen sie sich Zeit, bevor sie sich endgültig binden. Oft sind sie hier auch ein wenig schüchtern oder sogar unsicher. Wenn sie jedoch einmal ihr Herz verschenkt haben, sind sie treue und verläßliche Partner.

21. bis 23.8. (29 Grad Löwe bis 1 Grad Jungfrau)

Mangelndes Sitzfleisch

Diese Konstellation deutet allgemein auf ein umtriebiges Temperament hin. Man hat meist kein rechtes »Sitzfleisch«, muß ständig in Bewegung sein und reagiert nervös, wenn man einmal zur Ruhe verurteilt ist.

Der Handlungs-und-Aktions-Drang ist so groß, daß fast immer mehrere Projekte gleichzeitig angegangen werden. Im Berufsleben ist das genauso der Fall wie im Privatbereich. Freilich ist damit noch nicht gesagt, daß Angefangenes auch zu Ende geführt wird. In der Regel trifft eher das Gegenteil zu – zuviel wird begonnen, und zu gering sind Ausdauer und Geduld ausgeprägt. Stören wird das diese Menschen kaum, sie brauchen all ihre Energie, um die Folgen, die sich aus gelungenen Projekten ergeben, zu bewältigen.

Oft haben sie ein gesteigertes Mitteilungsbedürfnis – bis hin zur Redseligkeit. Es können aber auch besondere intellektuelle Fähigkeiten und eine robuste Konstitution vorliegen.

Diese Konstellation läßt Männer vielfach bis ins höhere Alter jugendlich wirken, während sie bei Frauen des öfteren auf Beziehungen zu einem jüngeren Partner hindeutet. Besondere schauspielerische Neigungen und Fähigkeiten kommen überdurchschnittlich oft vor. Außergewöhnliches Verhandlungsgeschick und Geschäftssinn sind in vielen Fällen vorhanden.

Welcher Mond-Typ ist der Löwe?

Jeder Mensch hat neben seinem Sonnen- auch ein Mondzeichen. Das Zeichen, in dem die Sonne steht, spiegelt unser Handeln wider, während das Mondzeichen Auskunft über unser Gefühlsleben gibt. Sie können also zum Beispiel ohne weiteres gleichzeitig Löwe(-Sonne) und Krebs(-Mond) sein.

Gefühls-leben

Gerade wenn Sie einigen Aussagen zum typischen Löwen gar nicht recht folgen können, sollten Sie einmal unter dem Mondzeichen des Betreffenden nachschauen. In vielen Fällen werden Sie hier die Erklärung finden, warum und in welcher Weise er sich von anderen Löwen unterscheidet.

Für eine individuelle Horoskopdeutung ist das Mondzeichen eigentlich noch wichtiger als das Sonnenzeichen. Der Grund, warum das Mondzeichen längst nicht so bekannt ist und dementsprechend auch nicht ausreichend gewürdigt wird, liegt wie gesagt einfach an einem technischen Problem: Während Sie Ihr Sonnenzeichen leicht über Ihr Geburtsdatum feststellen können, ist dies beim Mondzeichen nicht so einfach.

Individuelle Horoskop-deutung

Hier wurden bisher Spezialtabellen, sogenannte Ephemeriden, benötigt, oder man bediente sich eines Computerprogramms. Mit Hilfe der Tabelle im Anhang (»Die Bestimmung des Mondzeichens«) können Sie allerdings sehr leicht das persönliche Mondzeichen des Löwen feststellen.

Widdermond

Die Kombination von Sonne im Löwen und Mond im Widder weist auf ein besonders *Tempera-* energisches Temperament hin, das mit der *ment* Fähigkeit verbunden ist, in fast allen wichtigen Lebenssituationen trotz heftiger seelischer Stürme überlegt zu handeln. Auf diese Weise werden viele Fehler vermieden, die sich ergeben würden, wenn Widdermond-Geborene ihren spontanen Stimmungen nachgäben. Wenn sie allerdings einmal die Selbstbeherrschung verlieren, dann gründlich. Es gibt in diesem Fall kaum noch eine Möglichkeit, sie zu stoppen. Im Affekt werden dann manchmal Dinge gesagt und getan, die man später lieber ungeschehen machen möchte. Glücklicherweise kommen solche Situationen nicht allzuoft vor.

Wer unter dieser Zeichenkombination geboren wurde, weiß, daß er für sich und seine *Selbstver-* Handlungen selbst verantwortlich ist. Doch er *antwortung* weiß auch, daß er sich auf die Unterstützung von Freunden und Bekannten verlassen kann, wenn er diese wirklich benötigt. Umgekehrt kann auch seine Umgebung in schwierigen Situationen auf ihn zählen. Das macht den Umgang mit ihm in aller Regel angenehm, trotz seiner Ecken und Kanten, denn nichts ist ihm peinlicher, als anderen zur Last zu fallen. Nur selten werden Menschen mit dieser Konstellation andere für eigene Fehler verantwortlich machen, und so nehmen sie es auch gelassen hin, wenn Mitmenschen, die ihnen nicht allzu nahe stehen, über ihren Eigensinn gelegentlich den Kopf schütteln. Schließlich ist es ihr Leben, und sie sind nicht auf der Welt, um es allen recht zu machen.

Die entwickelten Persönlichkeiten unter ihnen zeichnen sich durch besondere Hilfsbereitschaft aus, die sie nicht an die große Glocke hängen, noch erwarten sie besonderen Dank dafür. Gerade in schweren Krisen fällt es ihnen selbst nicht leicht, Hilfe anzunehmen. Sie haben an sich den Anspruch, mit allen Problemen des Lebens aus eigener Kraft fertig zu werden, und sind deshalb oft zu stolz, andere um Rat oder gar um finanzielle Unterstützung zu bitten. *Hilfsbereitschaft*

Kein Mensch kann ohne andere bestehen. Manche Widdermond-Geborene begehen den Fehler, sich immer und ausschließlich auf sich selbst zu verlassen, und übersehen dabei, daß sie keines ihrer Ziele ohne die Unterstützung und Mithilfe anderer erreichen können. Im Extremfall kann hier aus Unabhängigkeit sogar Ignoranz werden. Sie können keinen Rat akzeptieren, auch dann nicht, wenn er von wohlmeinender und berufener Stelle kommt. Diese Gefahr besteht bei Löwen in besonderem Maße. *Ignoranz*

In den meisten Fällen führen private und berufliche Krisen schließlich zu der Einsicht, daß ein Weiterkommen nur möglich ist, wenn das Wissen und Können anderer in das eigene Leben mit einbezogen wird. Gerade bei außergewöhnlich starken Persönlichkeiten kann es aber passieren, daß sie sich so lange ausschließlich auf sich selbst verlassen, bis sie sich in eine derart aussichtslose Lage manövriert haben, daß eine sinnvolle Lösung kaum noch möglich ist.

Partner-
schaft

Die größte Herausforderung für Widdermond-Geborene ist zweifellos das Erlernen echter Begegnungsfähigkeit. Dies gilt auch für den Löwen. Fühlen und Handeln sind hier oft so selbstbezogen, daß man Schwierigkeiten hat, sich in andere hineinzuversetzen. Um so schwerer ist es dann, auf andere angemessen zuzugehen. Partnerschaft, Freundschaft und Familie können nicht mit der gleichen Selbstverständlichkeit und dem gleichen Führungsanspruch angegangen werden wie das übrige Leben. Hier gilt es, echte Offenheit und Vertrauen zu erlernen. Zumindest im Privatleben müssen Freunde und Partner als gleichwertig anerkannt werden. Nur das Bemühen um diese Fähigkeiten schafft die Möglichkeit für ein zufriedenes und ausgeglichenes Leben.

Aufgaben

Für diese Menschen ist es eine schwierige Aufgabe, zu begreifen, daß es kein Zeichen der Schwäche ist, zuzugeben, wenn man einmal mit seinem Latein am Ende ist, im Gegenteil. Unbewußt haben sie Angst, aus ihrem Freundes- und Bekanntenkreis ausgeschlossen zu werden, wenn man ihnen anmerkt, daß sie Hilfe benötigen. Diese Sorge ist unbegründet. Die Menschen, die sie selbst immer wieder unterstützt haben, werden sich freuen, wenn sie sich revanchieren können.

Stiermond

Bei dieser Konstellation kommen unüberlegte und impulsive Handlungen kaum vor. Bevor sie handeln, untersuchen sie die Dinge auf ihren praktischen Nutzen, ist ein solcher nicht erkennbar, werden sie erst gar nicht aktiv. Dennoch kommen gelegentliche cholerische Ausbrüche vor, die, gerade weil niemand mit ihnen rechnet, auf ihre Mitmenschen um so schockierender wirken können.

Stiermond-Geborene haben im allgemeinen *Geld* ein gutes Verhältnis zum Geld. Wann immer es möglich ist, werden sie darauf achten, daß sie mehr einnehmen, als sie ausgeben. Deshalb gelingt es ihnen auch, sich in guten Zeiten nennenswerte Ersparnisse zurückzulegen. Bei manchen Stiermond-Geborenen mag die Sparsamkeit übertriebene Züge annehmen. Steht die Sonne zusätzlich im Löwen, ist dies jedoch nur ausgesprochen selten der Fall. Häufiger entwickelt sich hier der Gegentyp. Bei diesem besteht eine Tendenz zu riskanten Spekulationen und windigen Geschäften, die angeblich über Nacht riesige Gewinne bringen sollen. Solche Aktionen können sie sehr viel Lehrgeld kosten oder sie gar um ihr Vermögen bringen. Löwen sind Spielernaturen, was sich mit der konservativen und wertbeständigen Grundhaltung des Stiers nur selten gut verträgt.

Den meisten Menschen mit dieser Konstellation gelingt es jedoch, eine vernünftige Einstellung zu ihren Finanzen und ihrer materiellen Absicherung zu entwickeln.

Wenn sie haben, was sie wollen, tun sie alles, um es nicht wieder zu verlieren. Wenn Sie einen Löwen kennen sollten, der Großverdiener ist und nach wie vor in einer kleinen Zweizimmerwohnung lebt, ein 20 Jahre altes Auto fährt und Anzüge trägt, die bereits in seiner Jugendzeit aus der Mode waren, dann wird sein Mond vermutlich im Stier stehen. Lediglich beim Steinbockmond sind ähnlich sparsame Tendenzen möglich.

Beruf   Die Praxis hat gezeigt, daß viele erfolgreiche Immobilienmakler diese Konstellation besitzen. Das gilt für alle Berufe, die mit dem Verwalten oder dem An- und Verkauf von Grundbesitz zu tun haben.

Wissen, das nicht konkret anwendbar ist, interessiert Stiermond-Geborene nur in den seltensten Fällen. Umgekehrt sind sie in der Lage, auch scheinbar völlig verkopfte Theorien oder Einstellungen in die Praxis umzusetzen.

Viele besitzen ein auffällig gutes Gedächtnis, das scheinbar jeden Eindruck, jeden Gedankengang archiviert und allzeit zum Abruf bereithält.

Freunde   Ihr Engagement für ihre Freunde, für Familie
und   und Bekannte ist fast immer beeindruckend.
Familie   Gerade für sozial Schwache und Gestrauchelte setzen sie sich ein, ohne dabei Rücksicht auf die öffentliche Meinung zu nehmen. Wenn es um Menschen und Menschlichkeit geht, interessieren sie Ideologien und Dogmen überhaupt nicht mehr. Instinktiv ist ihnen der Unterschied zwischen persönlichen Ansichten und praktischen Notwendigkeiten bewußt. Inhumanes Verhalten oder sklavisches Festhalten an bürokratischen Vorschriften kommen bei ihnen nur in den seltensten Fällen vor.

Sinnlichkeit   Keine andere Mond-Konstellation weist so viel angeborene Sinnlichkeit und Genußfähigkeit auf wie diese. Essen, Trinken, geselliges Beisammensein und nicht zuletzt die Sexualität können intensiv genossen werden. Aus dieser lebensfrohen Einstellung zieht man die

Kraft, um auch mit den schwierigen Situationen des Lebens zurechtzukommen.

Wenn auch nicht in allen Fällen, so besitzen doch viele Stiermond-Geborene einen umwerfenden Humor, der meist bodenständig bis derb ist. Zumindest aber ist ein gewisser »Mutterwitz« vorhanden, der es ihnen leichtmacht, Spannungssituationen die Spitze zu nehmen.

Humor

Der größte denkbare Hemmschuh für eine weitergehende Persönlichkeitsentwicklung ist der Hang zum Opportunismus. Das eigene Fähnchen wird immer nach dem Wind ausgerichtet, der den größten Geldsegen verspricht, ohne sich dabei von moralischen oder ethischen Problemen allzusehr irritieren zu lassen. Als Konsequenz verlieren alle Dinge im Leben ihren persönlichen Wert, auch der größte materielle Erfolg kann nicht mehr befriedigen. Wer die Sonne im Löwen hat, läuft allerdings kaum Gefahr, dieser verhängnisvollen Versuchung zu erliegen. Hier wird der Mensch immer höher als der materielle Besitz gewertet werden.

Stiermond-Geborene sind wahrhafte Überlebenskünstler, deren Bodenständigkeit sie auch mit den schwierigsten Krisen im Leben zurechtkommen läßt. Doch eines gelingt ihnen nur unter größten Anstrengungen: freiwillig Opfer zu bringen, auf etwas zu verzichten, finanzielle Einbußen in Kauf zu nehmen. Hier muß gelernt werden, daß auch geistige Werte kostbar sind, und zwar in vielen Fällen weitaus mehr als die materiellen. Erst wenn sie sich moralische, ethische oder religiöse Prinzipien zu eigen gemacht haben, nach denen sie ihr Leben ausrichten, kann materieller Wohlstand wirklich geschätzt werden.

Überlebenskünstler

Wer mit dem Mond im Tierkreiszeichen Stier geboren wurde, muß lernen, daß es in diesem Leben keine endgültige Sicherheit und keine absolute Gewißheit gibt. Nur so können Existenzängste überwunden und Lebensfreude und Genußfähigkeit voll entwickelt werden.

Zwillingsmond

Es gibt keine besseren Verhandlungspartner. Wenn Sie jemanden brauchen, der Ihnen hilft, einen anderen von einer Sache zu überzeugen, suchen Sie sich jemanden mit dieser Konstellation. Er kann glaubhafter Positionen vertreten, von denen er im Grunde nicht die geringste Ahnung hat, als mancher Experte.

Nichts macht einen Menschen mit dieser Konstellation glücklicher, als wenn er sich anderen *Mitteilungs-* mitteilen kann, sei es mündlich oder schriftlich. *bedürfnis* Da er mehr Gedanken zu vermitteln hat, als ein normales Gegenüber verkraften kann, schafft hier nur ein großer Freundeskreis oder ein passender Beruf Abhilfe. So nimmt es nicht wunder, daß viele erfolgreich und gern einer Lehrtätigkeit nachgehen. Das gilt für die Löwen in besonderem Maße. Schließlich liegt ihnen die Freude am Lehren und Belehren im Blut.

Die wenigen Zwillingsmond-Geborenen, die nicht zum Typus des Kommunikationsathleten gehören, verfügen oft über eine außerordentli-*Sport* che sportliche Begabung. Für diese Menschen ist regelmäßiges Training häufig die Voraussetzung für ihr seelisches und körperliches Gleichgewicht, da für ihre überschießende see-

lische und physische Energie auf diese Weise
ein Ausgleich geschaffen wird. Die Praxis hat
gezeigt, daß diese Konstellation oft in Verbindung mit Allergien, insbesondere im Atem-
wegsbereich, in Verbindung steht, die auf diese
Weise bis hin zur Beschwerdefreiheit gemildert
werden können.

Die Mehrzahl der Zwillingsmond-Geborenen
ist zwar eher wenig künstlerisch veranlagt, verfügt dafür aber über um so größere rhetorische
und analytische Fähigkeiten. Steht die Sonne *Analytische*
im Löwen, kommt noch die Fähigkeit hinzu, *Fähigkeiten*
andere stark emotional ansprechen zu können:
Kopf und Bauch gehen Hand in Hand, eine Mischung, der man kaum widerstehen kann.

Vor allem bei Themen, die sie nicht unmittelbar persönlich betreffen, können sie außergewöhnlich unvoreingenommen das Für und
Wider unterschiedlicher Standpunkte abwägen.
Das macht sie zu beliebten Diskussionspart-
nern, aber auch zu ausgezeichneten Schlich-
tern in Auseinandersetzungen.

Die Gabe, in Wort und Schrift allgemeinver-
ständlich und überzeugend sein zu können, wird
von ihnen häufig als so selbstverständlich erlebt,
daß sie dies – völlig zu Unrecht – oft überhaupt
nicht mehr als persönlichen Vorzug empfinden.

Menschen mit Zwillingsmond erfreuen sich
in der Regel einer besonderen Beliebtheit in
ihrem Bekanntenkreis. Sie haben häufig bis *Bekannten-*
ins hohe Alter hinein eine jugendliche Aus- *kreis*
strahlung und überraschen ihre Umgebung
durch spontane Einfälle und Vorschläge.

Sie lieben die Beweglichkeit, sei es im gei-
stigen oder im körperlichen Bereich. Begeisterungsfähigkeit und Spontaneität gehören zu

ihren sympathischsten Eigenschaften, die man bei ihnen auch keinesfalls unterdrücken darf, da sie sonst mit Krankheit und Depression reagieren.

Viele Zwillingsmond-Geborene neigen dazu, ihr gesamtes Leben auf der Überholspur zu verbringen. Da bleibt kaum Zeit, um sich mit jemandem oder etwas wirklich intensiv auseinanderzusetzen. Auch Fingerspitzengefühl und Rücksichtnahme müssen zurückstehen, wenn es um die Sache geht. Wer nicht gelernt hat, sich genügend Zeit für Freunde und Partner zu nehmen, läuft Gefahr, oberflächlich und gefühlskalt zu werden.

Aufgaben   Die größte Herausforderung für Zwillingsmond-Geborene ist das Erlernen der Fähigkeit, aus ihrer immensen Vielseitigkeit echte Toleranz zu entwickeln. Es erfordert wahrhaft Größe, andere Ansichten als die eigenen wirklich gelten zu lassen und nicht nur gönnerhaft zu ertragen. Partnerschaft, Freundschaft und Familie können nicht mit »wissenschaftlichem« Verstand angegangen werden. Hier sind Weitsicht, Muße und Offenheit notwendig. Die Auseinandersetzung mit religiösen und weltanschaulichen Themen kann dabei außerordentlich hilfreich sein. Denn nur wer in seinem Leben einen tieferen Sinn erkennt, vermag auch wirklich »zu-frieden« zu sein.

Krebsmond

Manchmal wirken Krebsmond-Geborene vielleicht ein wenig ungelenk und tolpatschig. So wecken sie unwillkürlich den Wunsch, ihnen zu helfen. Man möchte ihnen unter die Arme greifen, sie beschützen und verhindern, daß sie ständig über die eigenen Beine stolpern. Die gutgemeinten Bemutterungsversuche werden jedoch nur selten auf Gegenliebe stoßen. Krebsmond-Geborene verfügen über ein erstaunliches Maß an Stolz und Ehrgefühl, was durch ihre Löwesonne noch verstärkt wird. Sie hängen einfach mehr als andere ihren Gedanken nach und schenken der Umwelt dafür etwas weniger Aufmerksamkeit.

Stolz und Ehrgefühl

Neben den Fischemond-Geborenen sind dies die gutmütigsten Vertreter ihres Tierkreiszeichens. Solange Sie die Gefühle eines Krebsmond-Geborenen nicht verletzen und er im Gegenzug die Ihrigen nachvollziehen kann (und es gibt nur wenig, wofür ein Krebsmond nicht Verständnis aufbringen könnte), wird er sich noch nicht einmal wehren, wenn Sie ihm die Haare vom Kopf fressen. Die größte Dummheit, die Sie begehen können, ist, ihn deshalb für einen naiven Trottel zu halten. Sie müssen überhaupt nichts tun, es reicht völlig aus, wenn Sie so etwas denken: Er wird es merken. Und das zieht fatale Folgen nach sich. Ehe Sie sich versehen, hat er Sie an allen Ihren wunden Punkten gleichzeitig getroffen, allen anderen, die Sie schon kannten und sorgsam zu verstecken suchten, und noch ein paar, von denen Sie bis jetzt noch gar nicht wußten, daß es Schwachstellen sind. Der Krebsmond ist der Gefühlsseismograph unter den Tierkreiszeichen, keine seelische Regung in seiner Umgebung entgeht ihm, und er merkt sie sich alle. Solange Sie seine Gefühle

Hohe Sensibilität

nicht verletzen, haben Sie, wie gesagt, den gutmütigsten Menschen der Welt vor sich, andernfalls seziert er Ihr Selbstwertgefühl wie ein Metzger ein Filetstück.

Allzusehr sollten Sie sich durch diese Darlegungen nicht erschrecken lassen, denn Krebsmond-Geborene sind nicht nachtragend. Sobald Sie Ihren Fehler eingesehen haben, sind sie die ersten, die bereit sind, das Ganze zu vergessen.

Innere Unabhängigkeit

Wenn Sie einen solchen Menschen von etwas überzeugen oder zu einer Sache überreden wollen, werden Sie mit den üblichen Argumenten eher wenig ausrichten. Falls er sich nicht gerade in großen finanziellen Schwierigkeiten befindet, wird Geld allein ihn kaum umstimmen können. Auch Prestige, sozialer Status oder Abenteuerlust werden für ihn nur selten bestimmende Motive sein. Wenn Sie jedoch glaubhaft machen können, daß andere ohne die Hilfe und Unterstützung des Krebsmondes aufgeschmissen wären, wird ihm ein »Nein« ausgesprochen schwer fallen. Sein soziales Gewissen ist viel zu ausgeprägt, als daß er leichten Herzens andere in der Patsche sitzenlassen könnte. Aber vergessen Sie niemals: Wenn Sie mit den Gefühlen eines Krebsmondes spielen, geht der Schuß fast immer nach hinten los!

Häuslichkeit

Menschen mit dieser Konstellation sind oft wesentlich häuslicher als andere Löwen: Die Geborgenheit in der Familie und der Schutz in den eigenen vier Wänden liegen ihnen ganz besonders am Herzen. Viele von ihnen sind sogar ausgesprochen gute Köche.

Krebsmond-Geborene sind in ihrer persönlichen und beruflichen Umgebung aufgrund

ihres Einfühlungsvermögens oft außerordentlich beliebt, ohne daß sie darum viel Aufhe-
bens machen würden. Im Gegenteil: Meist
ist ihnen gar nicht bewußt, wie gut sie bei
anderen ankommen. Mehr als andere Löwen
neigen sie zu Selbstzweifeln, die sie jedoch in
der Regel konstruktiv nutzen, um sich selbst
immer wieder zu besonderen Leistungen zu
motivieren. Mit Durchschnittlichkeit und Mittelmaß werden sie sich – bei sich selbst – niemals zufriedengeben. Sie neigen dazu, von
sich selbst mehr zu verlangen als von anderen. In dieser Hinsicht sind sie auch die
idealen Vorgesetzten. Sie werden kaum zu *Arbeit*
denjenigen gehören, die während der Arbeitszeit Golf spielen gehen, während sie von
ihren Mitarbeitern stärkstes Engagement
fordern. Typischer für sie ist, daß sie morgens
als erste die Firma betreten, um sie abends
als letzte zu verlassen. Das hat natürlich für
die Mitarbeiter Vorbildfunktion und spornt
sehr viel mehr an als etwa eine drohende Ent-
lassung oder Gehaltskürzung. Aber auch als
Angestellte werden sie ihr Bestes geben und
sich weit über das verlangte Maß für ihre
Tätigkeit engagieren, wenn man ihnen die
Möglichkeit gibt, sich mit ihrer Aufgabe,
ihren Kollegen und dem Konzept des Betrie-
bes zu identifizieren.

Niemand kann bei außergewöhnlicher Be-
gabung so beliebt und populär sein wie ein *Beliebtheit*
Krebsmond-Geborener. Bei allen anderen Konstellationen ist Anerkennung mit Neid und
»Volkstümlichkeit« mit einem Mangel an Niveau verknüpft. Daß dies hier anders ist, hängt
vielleicht damit zusammen, daß jeder ihnen

anmerkt, wie hart sie für ihren Erfolg gearbeitet haben und wie ehrlich sie sich über ihn freuen können.

Prominente Beispiele

Boris Becker etwa löste mit seinem ersten Wimbledon-Sieg eine derartige Begeisterung aus, daß Tennis völlig unerwartet zum Volkssport wurde. Thomas Mann schuf mit den *Buddenbrooks* ein Stück Weltliteratur, als er gerade mal Anfang 20 war. Claude Debussy ist neben Ravel der bedeutsamste impressionistische Komponist. Bei entsprechendem Entwicklungsniveau sind beim Krebsmond also außergewöhnlicher Ehrgeiz und oft auch künstlerische Begabung vorhanden. Erfolg und Popularität sind das häufige Ergebnis besonderer Anstrengungen und immenser schöpferischer Veranlagung.

Aufgaben

Jede Fähigkeit ist auch eine Bürde: Wer über viel Phantasie und Kreativität verfügt, wird Schwierigkeiten haben, sich für langfristige Ziele zu entscheiden. Es fällt schwer, konsequent bei der Sache zu sein, wenn man ständig neue und interessante Ideen hat. In psychologischer Hinsicht sind Selbstdisziplin und schöpferische Begabung Gegensätze. Doch nur wer lernt, sich aus der Vielzahl seiner Wünsche und Möglichkeiten auf einige wesentliche Themen zu beschränken, kann Außergewöhnliches leisten. Nahezu alle erfolgreichen Krebsmond-Geborenen haben schon frühzeitig auf ein einziges Ziel hingearbeitet. Die größte Herausforderung für sie ist das Erlernen der Fähigkeit, nicht ständig das Opfer der eigenen Stimmungsabhängigkeit zu werden. Hier verhalten sie sich manchmal ungerecht und stehen sich selbst im Weg.

Löwemond

Wenn sowohl die Sonne als auch der Mond im Zeichen des Löwen stehen, verstärkt das deutlich die Ausprägung dieses Tierkreiszeichens. Diese Menschen sind deshalb in vielfacher Hinsicht besonders typische Vertreter ihres Zeichens.

Menschen, die mit dieser Konstellation geboren wurden, sind mit besonderen Fähigkeiten ausgestattet. Sie lernen zum Beispiel besonders schnell und leicht. Häufig besitzen sie eine besondere Sprachbegabung und fast immer kaufmännisches Talent. Niemand kann so gut wie sie in einer Gruppe von Menschen unterschiedlichster Herkunft und verschiedenen Temperaments eine angenehme Atmosphäre schaffen. Es gibt kaum bessere Gastgeber als sie. Selbst der formellsten Veranstaltung können sie noch eine persönliche und menschliche Note geben. Das wissen sie selbst besser als alle anderen, und genau das ist ihr Problem: Unabhängig davon, wieviel Lob und Anerkennung man ihnen entgegenbringt, sie fühlen sich mißverstanden und unterbewertet. Zu Recht wollen sie für ihr Können und ihre Leistungen anerkannt und respektiert und nicht nur einfach »nett« gefunden werden. Hier können manchmal sogar Primadonnenallüren auftreten, womit sie in ihrer Umgebung auf Unverständnis stoßen.

Im Bereich der Gefühle reagieren sie immer heftig und intensiv, das gilt natürlich auch, wenn sie sich enttäuscht und verletzt fühlen, obwohl sie im Normalfall viel zu stolz sind,

Fähigkeiten

*Gefühls-
leben*

sich eine Kränkung anmerken zu lassen. In
der Regel ist es dann Aufgabe des Partners, das
angeschlagene Selbstwertgefühl wiederaufzu-
bauen.

Dabei handelt es sich hier um ausgesprochen begeisterungsfähige Persönlichkeiten, die
lediglich eine Aufgabe benötigen, für die sie
sich mit all ihrer Kraft einsetzen können. Werden sie entsprechend gefordert, legt sich auch
ihr Hang zur Unzufriedenheit, und sie sind zu
außerordentlichen Leistungen fähig. Fast wie
Herausfor- die Luft zum Atmen brauchen sie Herausfor-
derungen derungen, die sie zwingen, über sich selbst
hinauszuwachsen. Ist dies der Fall, braucht
man sich über ihr irritierbares Selbstwertgefühl keine Sorgen mehr zu machen, schließlich stellen sie sich jetzt selbst ständig ihre
Fähigkeiten unter Beweis und können die Ignoranz ihrer Umgebung entsprechend gelassener
nehmen.

Die meisten Menschen mit dieser Konstel-
Umwelt lation sind ausgesprochen warmherzig und
spendabel. Das führt allerdings oft zu pein-
lichen Mißverständnissen, da ihre grundsätzliche Freundlichkeit von ihrem Gegenüber
wesentlich persönlicher genommen wird, als
sie gemeint ist. Das heißt nichts anderes, als
daß viele schnell dem Irrglauben erliegen, daß
der Löwemond ein mehr als nur freundschaft-
liches Interesse an ihnen hat. So wiegt sich
mancher in der falschen Sicherheit, das Herz
eines Löwemond-Menschen für sich gewon-
nen zu haben, während dieser möglicherweise
Probleme damit hat, sich auch nur an ihn zu
erinnern. Glücklicherweise lernen die meisten
im Laufe der Jahre ihre Wirkung auf ihre Um-

gebung angemessener einzuschätzen, so daß derartige, für beide Seiten peinliche Mißverständnisse seltener werden.

Was sie sich allerdings nur in den seltensten Fällen abgewöhnen können, ist die Neigung, ihre Umgebung, insbesondere natürlich Menschen, die ihnen am Herzen liegen, von den Dingen überzeugen zu wollen, die sie für sich selbst als hilfreich und nützlich erkannt haben. Dabei ist es unerheblich, ob es sich um eine neue Nachtcreme, eine bestimmte Gesundheitskur oder eine spezielle Musik-CD handelt. Von dieser Neigung lassen sie auch nicht durch die recht häufige und natürlich enttäuschende Erfahrung ab, daß die meisten Menschen ihre persönlichen Vorlieben nur bedingt teilen.

Löwemond-Persönlichkeiten zeichnen sich durch einen besonderen Lebenshunger aus, dem sie nachgehen, wann immer sich eine Gelegenheit dazu bietet. So gibt es kaum etwas Menschliches, das ihnen fremd ist, und falls doch, streben sie nach einer Möglichkeit, es so schnell wie möglich auszuprobieren. *Lebenshunger*

Keine andere Mond-Konstellation bietet die Chance zu einem so ausgeprägten Charisma wie diese. Insbesondere Damen mit dem Mond im Löwen können eine Anziehungskraft auf das andere Geschlecht ausüben, die einer vernünftigen Erklärung nicht mehr zugänglich ist. Allen ist das Bedürfnis gemeinsam, von ihrem Umfeld anerkannt und respektiert zu werden, auch gegen ein wenig Bewunderung haben sie selten etwas einzuwenden. Kein anderes Tierkreiszeichen besitzt so viel natürliche Autorität wie dieses, und entwickelte Per- *Charisma*

sönlichkeiten werden diesem Anspruch auch
gerecht. Solange man sie nicht in Frage stellt,
setzen sie sich mit allen ihnen zur Verfügung
stehenden Mitteln für ihre Mitmenschen ein.
Dies gilt besonders für Kinder. Wenn sie es
sich leisten können, sind sie die großzügigsten
Gastgeber und freigebigsten Gönner, die man
sich nur vorstellen kann.

Eitelkeit

Die größte Gefahr für Löwemond-Geborene
ist ohne Zweifel ihre Eitelkeit und ihre Selbstbezogenheit. Im ungünstigsten Fall werden sie
zu einem sich in Selbstliebe verzehrenden
Narziß, der keinerlei emotionale Beziehungen
zu seinen Mitmenschen pflegen kann. Aus
Großzügigkeit wird Neid und Geiz, aus über-
schäumender Lebensfreude Verbitterung, aus
Risikobereitschaft Selbstzerstörung. Kaum jemand kann und will sein ganzes Leben lang
ausschließlich im Mittelpunkt stehen. So groß
die Ausstrahlung des einzelnen auch sein mag,
es kommt doch der Tag, an dem andere den
Platz einnehmen, den man für den eigenen
hielt. So fällt es Löwemond-Geborenen besonders schwer, mit dem Nachlassen von Kräften
und Fähigkeiten im allgemeinen und dem

Alter

Alter im besonderen zurechtzukommen. Das
Tierkreiszeichen, das Vitalität, Lebendigkeit
und Lebensfreude schlechthin repräsentiert,
bringt keine Menschen hervor, die sich mit
dem Schwinden ihrer Energie so ohne weiteres abfinden können.

Es ist eine triviale, aber schmerzhafte Er-
kenntnis, daß wir alle einmal Jüngeren und

Aufgaben

Besseren Platz machen müssen. So ist es für
Löwemond-Persönlichkeiten eine besondere
Herausforderung, intensiv in der Gegenwart

zu leben und gleichzeitig in Würde zu altern. Hier kann eine innere Reife entstehen, die ein noch größeres Feuer ausstrahlt, als es die Kraft der Jugend vermag.

Wer unter dieser Konstellation geboren wurde, reagiert meist besonders empfindlich auf die Mondphasen. Das gilt sowohl für Neumond als auch für Vollmond.

Jungfraumond

Wenn Sie einen Löwe-Menschen kennenlernen, der Sie durch eine auffallend schlagfertige Reaktion auf eine besonders ungewöhnliche Situation beeindruckt, und dieser Ihnen anschließend erklärt, das Ganze wäre weiter keine Kunst, schließlich hätte er sich schon vor langer Zeit einen Plan zurechtgelegt, wie er in einer solchen Lage reagieren würde, dann kann es sich nur um einen Jungfraumond handeln (andernfalls steht der Mond im sechsten Haus). Diese Menschen besitzen eine unbegrenzte kreative Phantasie, was die Bewältigung aller möglichen und unmöglichen Herausforderungen des Lebens angeht, und sie verfügen über ein hervorragendes Gedächtnis. So sind denn auch Planspiele ihre große Leidenschaft, unabhängig davon, ob sie Monopoly spielen, alte Schlachten im Sandkasten nachstellen oder sich vor dem Einschlafen überlegen, wie sie ihren Chef von der längst überfälligen Gehaltserhöhung überzeugen können.

Phantasie

Manche Menschen haben jede Menge Ideen, wie sich die Probleme des Alltags besser be-

wältigen ließen. Andere verfügen über praktischen Verstand und Handlungsenergie. Sonne-
Löwe-Mond-Jungfrau-Menschen besitzen beides. Ihr großer Vorteil ist dabei, daß sie ihre
Realismus Möglichkeiten meist realistisch einschätzen.
Sie neigen weder zu Größenwahn noch zu
falscher Bescheidenheit. Und sie werden niemals versuchen, etwas durchzusetzen, von
dem sie nicht zutiefst überzeugt sind, daß es
einer guten Sache dient oder ihnen einfach zusteht. Viele hervorragende Händler und Spit-
zenverkäufer besitzen diese Konstellation. Die
einzige Bedingung für ihren Erfolg ist, daß sie
selbst von der Qualität des Produktes überzeugt sein müssen.

Fast jeder kennt den beliebten Verkaufs-
trick, wenn ein Kunde unschlüssig ist. Der
Verkäufer meint einfach: »Das Gerät ist das
beste, ich habe es selbst zu Hause.« Die meisten Käufer lassen sich auf diese Weise überzeugen, unabhängig davon, ob der Verkäufer
Wahrheits- die Wahrheit gesagt hat oder nicht. Wenn
liebe Ihnen ein Jungfraumond-Geborener so etwas
sagt, können Sie sicher sein: Es ist die Wahrheit. Und er wird Ihnen nicht nur auseinandersetzen, daß er dieses Gerät hat, sondern
Ihnen aus dem Effeff sämtliche Vorteile gegenüber Konkurrenzprodukten auflisten können.
Wenn Sie seiner Empfehlung folgen, wird er
sich innerlich für Sie freuen, wenn Sie den
Laden verlassen, und sich nicht etwa ins
Fäustchen lachen, wie geschickt er mal wieder
einen naiven Kunden übers Ohr gehauen hat.
Menschen mit dieser Konstellation sind also
»ehrliche Makler«, und wer einmal auf ihren
Rat gehört hat und gut damit gefahren ist, wird

sich gern bei der nächsten Gelegenheit wieder an sie wenden.

Neben der häufig vorhandenen kaufmännischen Begabung kommen hier auch schriftstellerisches Talent sowie die Eignung für technische Berufe vor. Eine Reihe exzellenter Ingenieure und Architekten besitzen diese Konstellation. *Berufe*

In Partnerschaften sind sie treu und zuverlässig, solange sie das Gefühl haben, sich auf ihr Gegenüber blind verlassen zu können. Allerdings ist ihr Sinn für das Praktische der Romantik nicht eben förderlich. Man sollte nicht den Fehler begehen und jedes gemeinsame Ausgehen als »Investition in die Beziehung« betrachten und Partner im Idealfall als »das beste Geschäft« ansehen, das man je gemacht hat. Kein Mensch mag es, wenn er wie eine Sache betrachtet wird, auch nicht, wenn es sich dabei um eine ausgesprochen gute Sache handelt. *Zuverlässige Partner*

Entwickelte Jungfraumond-Persönlichkeiten verfügen über eine außerordentliche emotionale Beweglichkeit und Reaktionsfähigkeit. Besonders Begabte sind hier zum Schriftsteller oder Schauspieler berufen, da niemand über eine genauere Beobachtungsgabe verfügt als sie. Die meisten Jungfraumond-Geborenen können Entwicklungen voraussehen und auf sie reagieren, bevor andere auch nur davon ahnen. Es gibt nicht viele, denen es gelingt, ihnen etwas vorzumachen. Keine andere Tierkreiszeichenposition des Mondes repräsentiert einen solch untrüglichen Sinn für das Machbare. Diese Persönlichkeiten verstehen es, aus jeder Situation das Beste herauszuholen. In Sachfragen, insbesondere natürlich in ihrem Spezialgebiet, sind sie oft so kompetent, daß ihre Meinung und ihr Rat auch von Gegnern ernst genommen und respektiert werden. Was ihnen möglicherweise an Kreativität fehlt, machen sie durch Effektivität mehr als wett.

Effektivität

Jungfraumond-Geborene besitzen die natürliche Fähigkeit, vorgegebene Situationen so gut wie möglich zu nutzen. Dabei besteht die Gefahr, sich mit unzumutbaren Umweltbedingungen zu arrangieren, ohne den Versuch zu unternehmen, diese zu verändern. Wer in einem Haus ohne Heizung lebt, sollte vielleicht nicht nur Yoga-Übungen machen, die ihn die Kälte leichter ertragen lassen, sondern sich einen Ofen besorgen oder einfach umziehen. Anpassungskünstler übersehen manchmal, daß es Umstände gibt, mit denen man sich besser nicht arrangieren sollte.

Anpassungsfähigkeit

Die größte Herausforderung für Jungfraumond-Geborene ist das Erlernen der Fähigkeit, ein wenig offenherziger und verschwenderischer in ihrem Gefühlsausdruck zu werden. Schließlich lebt ihre Löwesonne von Gefühlen – solchen, die sie ausdrücken, und solchen, die sie empfinden. Hier kann schlimmstenfalls die Sparsamkeit des Jungfraumondes die eigene Lebensenergie drosseln. Allzuviel Sachlichkeit und praktischer Verstand machen auch Freundschaften und das Liebesleben zu einer eher trockenen Angelegenheit. Erst wenn sie gelernt haben, ihren Mitmenschen intensiv zu zeigen, was sie für sie empfinden, ist ein wirklich erfülltes Leben möglich.

Aufgaben

Waagemond

Löwen brauchen Gesellschaft, und sei es nur als Publikum. Wenn zusätzlich ihr Mond in der Waage steht, mögen sie Schwierigkeiten haben, auch nur einige Tage allein zu verbringen. So gern, wie sie sich ihre Eigenständigkeit beweisen, sind sie doch noch mehr von der Zustimmung anderer, insbesondere der des Partners, abhängig. Wer einen solchen Menschen fertigmachen will, muß ihn in seinem tiefverwurzelten Bedürfnis nach einer harmonischen und ästhetischen Umgebung frustrieren, und er wird aus der seelischen Balance geraten. Die meisten Menschen mit dieser Konstellation sind äußerst sensibel, und manchmal reicht es schon aus, sie beispielsweise wochenlang in einem nicht richtig eingerichteten Büro sitzen zu lassen, um sie ernsthaft aus dem Gleichgewicht zu bringen.

Abhängigkeit

Da sie jedoch phasenweise über außergewöhnlich viel Fingerspitzengefühl verfügen und auf andere Menschen offen und noch charmanter und diplomatischer als »normale« Löwen zugehen, kommen sie nur selten in eine Situation, in der ihnen jemand ernsthaft Schwierigkeiten bereiten möchte. Im Gegenteil: Wann immer es um Fragen des guten Geschmacks geht, hört man gern ihren Rat und richtet sich danach.

Viele Menschen mit dieser Konstellation sind im weitesten Sinne des Wortes in künstlerischen Berufen tätig. Ob es sich dabei nun um die Tätigkeit eines Friseurs, einer Kosme-

Künstlerische Berufe

tikerin, eines Modeschöpfers, einer Innenarchitektin oder eines Designers handelt, in all diesen Berufen spiegeln sich das Bedürfnis und die Fähigkeit wider, den Menschen und seine Umgebung schöner und ansprechender zu gestalten.

Partnerschaft

Kein Löwe ist in seiner Handlungsfähigkeit so von einer geeigneten Partnerschaft abhängig wie dieser. Wenn ein sonst pünktlicher Mensch mit blassem Gesicht zu spät zur Arbeit erscheint, wenn ein normalerweise freundlicher und aufmerksamer Mitarbeiter mit einemmal mürrisch und in sich gekehrt ist: bei einem Waagemond können Sie darauf wetten, daß Liebeskummer und Partnerschaftsprobleme dahinterstecken.

Insgesamt sind diese Menschen noch stimmungsabhängiger und launischer als andere. Ihr Gefühlskarussel bewegt sich scheinbar permanent von »himmelhochjauchzend« bis »zu Tode betrübt«.

»Beziehungsathleten«

Waagemond-Menschen sind die »Beziehungsathleten« schlechthin. Keine andere Mond-Konstellation beinhaltet eine solch ausgeprägte Fähigkeit, sich mit anderen auseinander- und zusammenzusetzen, wie diese. Es gibt kaum etwas in der persönlichen Umgebung, das einem Waagemond-Geborenen entgehen könnte. Sobald eine Sache oder ein Umstand mit ihm und seiner Lebenssituation auch nur im entferntesten zu tun haben könnte, interessiert es ihn auch unabhängig davon, wie fremd oder ungewohnt dies sein mag. So lernte eine Klientin mit dieser Konstellation zum Beispiel Türkisch, um sich mit ihrer neuen Nachbarin besser verständigen zu können.

Ihr außerordentliches Harmoniebedürfnis *Harmonie-* gibt Waagemond-Geborenen den Antrieb und *bedürfnis* die Fähigkeit, allem, was sie umgibt, insbesondere aber natürlich dem Partner, gerecht werden zu können. Sie wünschen sich aufrichtig, andere zu verstehen, so wie sie auch selbst angenommen und verstanden werden möchten. Es ist nicht einfach, mit einem entwickelten Waagemond-Geborenen Streit zu bekommen, da er in der Regel viel zu sehr versuchen wird, Verständnis für den Standpunkt des anderen aufzubringen.

Die größte Gefahr liegt darin, daß diese Menschen ihre Fähigkeit, andere zu manipulieren, vervollkommnen, während die eigene Persönlichkeitsentwicklung auf der Strecke bleibt. Insbesondere Frauen können schnell dauerhaft Opfer ihrer erlernten Hilflosigkeit werden, zumal dies in unserer Gesellschaft ja auch noch unterstützt und gefördert wird. So gilt beispielsweise eine Frau, die selbständig einen Reifen wechseln kann, für viele immer noch als unweiblich.

Waagemond-Geborene müssen lernen, ihre *Aufgaben* Wünsche auch unabhängig von anderen leben und ausleben zu können. Es fällt ihnen schwer, aufrichtig stolz auf ihre persönlichen Leistungen und Fähigkeiten zu sein, da sie dazu neigen, sich allzusehr über das Urteil anderer zu definieren. Echte Individualität kann nur erworben werden, wenn sie auch konfliktfähig sind, also einem Streit oder einer Auseinandersetzung nicht um jeden Preis aus dem Weg gehen. Sie müssen lernen, Standpunkte zu vertreten, die von anderen nicht geteilt oder sogar bekämpft werden. Es ist hilfreich für sie zu wissen, daß sie, je mehr sie auf diese Weise zu eigenständigen Persönlichkeiten werden, von den Menschen, die ihnen etwas bedeuten, nicht verlassen werden, sondern diese so noch stärker an sich binden. Wer gelernt hat, zu sich selbst zu stehen und sich von der Zustimmung anderer soweit wie möglich unabhängig zu machen, wirkt auf seine Mitmenschen wie ein Magnet auf Eisenfeilspäne.

Skorpionmond

Wer mit dieser Konstellation geboren wurde, mußte meist schon frühzeitig lernen, daß in diesem Leben nur das wirklich zählt, was man sich selbst unter Anstrengungen und Schwierigkeiten erarbeitet hat. Dabei ist es unerheblich, ob dieser Mensch vordergründig betrachtet eine sogenannte leichte oder schwere Kindheit hatte. In jedem Fall wurde er schon zu einem sehr frühen Zeitpunkt mit den letzten Dingen, insbesondere dem Tod, konfron-

Existentielle Erfahrungen

tiert. Auch wenn die meisten diese Erfahrung bald so verdrängt haben, daß jede bewußte Erinnerung daran fehlt, so macht sie sie doch ernsthafter und nachdenklicher als andere. Gerade in der Kindheit werden sie von ihren Kameraden deshalb kaum verstanden, sie gelten oft als altklug, grüblerisch oder »miesepetrig«. Im Erwachsenenalter legt sich diese Tendenz etwas, doch was bleibt, ist eine instinktive Abneigung gegen alles Oberflächliche. Billige Vergnügungen sind ihnen ein Greuel, lieber lesen sie ein gutes Buch oder

stürzen sich in ihre Arbeit. Das heißt nicht,
daß sie etwas gegen Amüsement oder Unterhaltung hätten, nur legen sie hier eben ein
wenig andere Maßstäbe an als die meisten
Zeitgenossen.

Es ist nicht leicht, ihr Vertrauen zu gewinnen, denn einmal erlittene Verletzungen vergessen sie niemals. Selbst wenn sie sich an das
konkrete Ereignis nicht erinnern können, die
daraus entstandene Verletzung prägt ihr Empfinden und ihr Gefühlsleben. So tun sie sich in
Freundschaften und Partnerschaften am Anfang ein wenig schwer. Dabei können sie
durchaus auf andere zugehen und die Initiati-
ve ergreifen, aber sie bleiben vorsichtig und
versuchen sich gegen jede Enttäuschung zu
schützen. Wer jedoch einmal ihr Vertrauen ge-
wonnen hat, kann mit uneingeschränkter
Loyalität rechnen. Haben sie sich schließlich
einmal auf jemanden eingelassen, würden sie
sich im Sinne des Wortes für diesen Menschen
totschlagen lassen, falls es notwendig sein sollte. Keinesfalls verlangen sie das gleiche Engagement von ihren Freunden und Partnern,
wissen sie doch, daß sie vielleicht den guten
Willen, aber nicht notwendigerweise die Cha-
rakterstärke für ein solches Ausmaß an Konsequenz besitzen.

Wenn sie sich jedoch verraten fühlen, zögern sie nicht, Menschen, die ihnen gestern
noch sehr nahestanden, von heute auf morgen
aus ihrem Leben zu werfen. Sie sind nicht für
halbe Sachen zu haben – schon gar nicht in
Gefühlsdingen.

So sind sie etwa bereit, sich für ihre Partnerschaften bis an den Rand der Selbstaufgabe

Freund-
schaft und
Beziehun-
gen

einzusetzen und in Krisen nichts unversucht zu lassen, um ihre Beziehung zu retten. Sobald sie jedoch erkennen, daß sie verraten wurden oder daß man ihr Vertrauen mißbraucht hat, können sie den anderen fallenlassen wie eine heiße Kartoffel. Vielleicht bricht es ihnen das Herz – denn ihre Härte und die scheinbare Gleichgültigkeit im äußeren Umgang sagen nichts darüber aus, was in ihrem Inneren vor sich geht. Skorpionmond-Geborene werden jedoch lieber vor Kummer eingehen, als bei einem Menschen zu Kreuze kriechen, der ihre Gefühle verraten hat.

Willens-stärke   Es gibt kein Mondzeichen, das über so viel Willensstärke und Konsequenz verfügt wie dieses; was man sich einmal vorgenommen hat, führt man auch gegen größte Widerstände durch. Die unerreichte Stärke der Skorpionmond-Geborenen ist Leidenschaft und Ausdauer. An allem, an das sie sich emotional gebunden haben, halten sie auch fest.

Dies gilt für ihr Liebesleben wie auch für Hobbys oder berufliche Ziele. In Durchhalte-vermögen und Ehrgeiz sind sie nur noch mit den Steinbock-Geborenen vergleichbar. Doch gehen sie bei der Verwirklichung eines Ideals im Extremfall bis hin zur Selbstzerstörung.

Prominente Vertreter   Franz Beckenbauer, Charlie Chaplin, Liz Taylor oder Henry Miller haben bei allen Unterschieden doch die unbeirrbare Konsequenz gemeinsam, mit der sie sich aus einfachsten Verhältnissen bis an die absolute Weltspitze emporgearbeitet haben.

Außerdem verfügen sie sehr oft über ein ausgezeichnetes Gedächtnis, und die Lernfähigkeit bleibt bei aktiven Persönlichkeiten das gesamte Leben erhalten. Sie vergessen ihre Gefühle niemals, vor allem nicht, wenn ihnen jemand aus einer Notlage geholfen hat. Derjenige kann sicher sein, daß Skorpionmond-Geborene keine Gelegenheit auslassen werden, um sich angemessen zu revanchieren.

Ihre außergewöhnliche Empfindungsfähigkeit läßt sie lediglich das zur Kenntnis nehmen, was sie auch wahrnehmen wollen. So können schwierige Zeiten besser überstanden werden. Unerfreuliches wird, wenn nötig, einfach ausgeblendet, als ob es nicht existierte. *Gefühle*

Sie lassen sich weder auf Aufgaben noch auf Menschen allzu schnell und intensiv ein. Haben sie jedoch einmal wirklich Feuer gefangen, sind sie zu einer Leidenschaftlichkeit fähig, die keinerlei Kompromisse zuläßt.

Entwickelte Menschen mit dieser Konstellation verfügen oft über eine außerordentliche Gefühlstiefe, die sie in eine individuelle Symbolsprache übersetzen. Auf diese Weise erklärt sich auch ihr phänomenales Gedächtnis. Sie müssen sich nur daran erinnern, wie sie sich in einer bestimmten Situation gefühlt haben, schon fallen ihnen auch alle anderen Begleitumstände ein. Ihre Überzeugungen und Ideale strahlen sie mit einer Intensität aus, daß schwache Naturen aufpassen müssen, sich nicht daran zu verbrennen. Ohne dogmatisch zu sein, sind sie doch in allen Gefühlsdingen klar und eindeutig. So weiß man immer, woran man bei ihnen ist. *Phänomenales Gedächtnis*

Die Fähigkeit zur Eindeutigkeit ist sicherlich ausgesprochen beneidenswert. Leider birgt sie auch die Gefahr in sich, einseitig zu werden und stur an seinen Fehlern festzu-

Intoleranz

halten. Nichts ist gefährlicher für Skorpionmond-Geborene als Intoleranz und Selbstgerechtigkeit.

Schützemond

Visionäre

Das sind die echten Visionäre unter den Löwe-Geborenen, und sie weigern sich standhaft, auch nur einen Gedanken daran zu verschwenden, daß es Probleme ohne eine Lösung geben könnte.

Zwar fehlt ihnen die Liebe zum Detail, doch dafür fällt es ihnen um so leichter, große Zusammenhänge zu erkennen, für die den anderen einfach der Blick fehlt. Selbst schwierigste Erfahrungen in der Vergangenheit können sie nicht davon abbringen, unerschütterlich an eine bessere Zukunft zu glauben, und sie tun im Rahmen ihrer Möglichkeiten alles, damit diese auch eintritt.

Häufig haben sie ein ausgeprägtes Interesse an philosophischen und religiösen Themen, solange sie einen praktischen Nutzen darin erkennen können, der sich im täglichen Leben auch umsetzen läßt. Rein theoretische oder abstrakte Überlegungen hingegen empfinden sie als nutzlos.

Ausland

Viele Menschen mit dieser Konstellation lieben Fernreisen oder haben sogar beruflich mit dem Ausland zu tun. Durch ihre selbst für Löwen ein wenig ungewöhnliche Toleranz haben sie keinerlei Probleme, mit Menschen aus unterschiedlichsten Kulturkreisen zurechtzukommen, solange ihr Gegenüber im Gegenzug bereit ist, sie ebenfalls so zu akzeptieren, wie sie nun einmal sind.

Bedingt durch ihre außerordentliche Begeisterungsfähigkeit neigen sie dazu, manchmal sich selbst und ihre Möglichkeiten zu überschätzen. Sie vergessen dann einfach, daß der Tag nur 24 Stunden hat und sie unmöglich all die Versprechungen einlösen können, die sie in ihrer Begeisterung und voll des besten Willens gegeben haben. So wirken sie oft auf andere für eine Weile faszinierend, während sie am Ende dann als Aufschneider dastehen, auf dessen Wort kein Verlaß ist. Derartige Erfahrungen kränken sie tief – trotz aller positiven Weltsicht –, schließlich haben sie es wirklich gut gemeint und wollten doch nur helfen. Die größte Herausforderung ist für sie deshalb, sich mit den Begrenzungen der Alltagswirklichkeit abzufinden. Dies fällt ihnen um so schwerer, als sie voller Begeisterung von einer besseren Welt träumen, von der sie in ihren optimistischsten Momenten genau zu wissen glauben, wie diese innerhalb kürzester Zeit herbeizuführen sei. *Begeisterungsfähigkeit*

Der größte Fehler, den man begehen kann, ist, Löwe-Geborene mit Schützemond als weltfremde Träumer abzutun. Denn wenn jemand die Kraft hat, eine gute, noch nie dagewesene Idee in die Tat umzusetzen, dann sie.

Um in einem Bereich wirklich den Durchbruch zu schaffen, brauchen sie jedoch die Unterstützung ihres Freundes- und Bekanntenkreises. Nur wenn sie wissen, daß andere an sie glauben, sind sie auch in der Lage, Außergewöhnliches zu leisten, sei es im Beruf oder in irgendeinem anderen Lebensbereich. *Freunde*

Gefühle Fehlt ihnen die Unterstützung durch den Partner und die soziale Umwelt, können Begeisterung und optimistische Weltsicht von einem Moment zum nächsten in tiefe Depressionen umschlagen. Ihre Gefühle sind immer groß, sei es nun Freude oder Verzweiflung; mit Halbheiten geben sie sich nicht ab – und bei ihren Emotionen schon gar nicht.

Doch so schnell, wie sie in das tiefe Loch völliger Niedergeschlagenheit fallen können, so unvermittelt krabbeln sie auch wieder heraus, ohne daß man ihnen auch nur eine Blessur anmerken würde. Schließlich zählt für sie die Vergangenheit (fast) nichts und die Zukunft alles.

Menschen mit einem weniger turbulenten Seelenleben fühlen sich durch den Schützemond oft emotional überfordert – sie sind diesem Ausmaß schnell wechselnder intensivster Emotionen und Ideen einfach nicht gewachsen und fühlen sich manchmal regelrecht erschlagen. Das macht auch für ihre Partner und Lebensgefährten den Umgang mit dem Schützemond gelegentlich ein wenig schwierig. Aber ihr Lebensmut ist ansteckend. Denn es ist faszinierend, wie sie sich diesem Leben trotz all seiner Schwierigkeiten mit soviel Begeisterung stellen.

Steinbockmond

Löwen machen sich zwar grundsätzlich nicht viel aus gesellschaftlichen Konventionen, diejenigen mit einem Steinbockmond allerdings schon. Ihnen sind öffentliche Anerkennung und Karriere außerordentlich wichtig. So ergeben sich Ehrgeiz und Zielstrebigkeit fast schon zwangsläufig. Langfristige Planung ist für sie etwas Selbstverständliches, und sie können für einen Löwen außergewöhnlich geduldig warten, bis ihre Zeit gekommen ist. Viele Menschen mit dieser Konstellation nehmen langjährige Ausbildungen und umfangreiche Schulungen in Kauf, um einmal den gesellschaftlichen Status zu erreichen, den sie anstreben.

Ehrgeiz

Auffällig häufig ist hier ein Interesse an gesellschaftlichen, politischen und sozialen Fragen vorhanden, so daß oft auch ein Beruf aus diesem Bereich gewählt wird. So haben zum Beispiel viele besonders fähige Juristen und Sozialarbeiter diese Konstellation.

Beruf

Sie sind die mit Abstand sparsamsten Vertreter ihres Zeichens. Verschwendung, gleich in welcher Form, ist ihnen ein Greuel. Lieber drehen sie jeden Pfennig dreimal um, bevor sie ihr Geld für unnötige Anschaffungen ausgeben. Ihre Mitmenschen werden unter ihrem besonders sorgfältigen Umgang mit den Finanzen jedoch nur in den seltensten Fällen zu leiden haben. Im Gegenteil: Fast immer besitzen sie einige Rücklagen, und sie sind stets bereit, einem Freund, der in wirtschaftlichen Schwierigkeiten steckt, auszuhelfen.

Eine ihrer herausragenden Eigenschaften ist ihr außergewöhnlicher Gerechtigkeitssinn. Von Fairneß halten sie sehr viel – so viel, daß sie auch bereit sind, für deren Durchsetzung persönliche Nachteile in Kauf zu nehmen. Einen Mangel an Konsequenz oder besonderen Egoismus wird ihnen deshalb kaum jemand vorwerfen können.

Gerechtig-keitssinn

Nach außen wirken sie eher wie stabile, unkomplizierte und geradlinige Persönlichkeiten. Ihre oft vorhandene Unsicherheit in Gefühlsdingen merkt man ihnen schwerlich an.

Ordentlichkeit
Schließlich sind sie fast immer ordentlich, zuverlässig und systematisch. Das wird von ihrer Umgebung automatisch mit Selbstsicherheit gleichgesetzt. Außenstehende sind davon überzeugt, daß sie ihr Leben fest im Griff haben und immer genau wissen, wo es langgeht.

Ihr Leben ist so gut wie immer von einem geregelten Tagesablauf geprägt. Dabei scheinen sie alles Zufällige und Unkalkulierbare aus ihrem Umfeld verbannen zu wollen. Unordnung und die Unwägbarkeiten des Lebens machen ihnen manchmal regelrecht angst. Aus diesem Grund halten sie hin und wieder auch an Entscheidungen fest, die mittlerweile längst ihre Grundlage verloren haben. Überspitzt formuliert, gleichen sie in solchen Situationen Menschen, die im strömenden Regen in den Garten gehen, um die Blumen zu gießen, weil sie sich das am Morgen vorgenommen haben.

Trendgespür
Die herausragendste und einmalige Fähigkeit der Steinbockmond-Geborenen ist ihre unmittelbare seelische Ankopplung an gesellschaftliche Phänomene und Prozesse. So wird beispielsweise ein Boutiquebesitzer instinktiv wissen, welche Mode die Menschen im nächsten Sommer kaufen wollen, und sich entsprechend darauf einrichten. Ein Buchhändler wird die kommenden Bestseller schon vor ihrem Erfolg auf Lager haben – und so weiter.

Das persönliche Empfinden ist einfach sehr stark angekoppelt an das, was gesellschaftliche

Norm ist oder bald sein wird. Auch der NS-Propagandaminister Goebbels hatte diese Konstellation. Auf der anderen Seite setzte Papst Johannes XXIII. Maßstäbe, was die Aussöhnung der Menschen im allgemeinen und die der christlichen Kirche im besonderen anging. Der ehemalige Schauspieler Karlheinz Böhm leistet Vorbildliches und Bewundernswertes mit seiner Aktion »Menschen für Menschen« gegen Hunger und Armut in Äthiopien. Hemingway und Fassbinder schufen in ihrem jeweiligen Œuvre Zeitporträts von ungeschönter Präzision. Niemand karikierte wohl das deutsche und vor allem das bayrische Spießertum treffender als Karl Valentin, und der Maler Max Ernst spiegelte in seinem Werk exakt den Zeitgeist unseres Jahrhunderts wider. Diese sehr unterschiedlichen Beispiele wurden bewußt nebeneinandergesetzt: Allen gemeinsam ist die enge Verknüpfung mit gesellschaftlichen Prozessen. Niveau und Verwirklichungsbereich sind selbstverständlich sehr unterschiedlich.

Prominente Persönlichkeiten

Neben den Skorpionmond-Geborenen sind Steinbockmonde sicherlich die Menschen mit der größten Konsequenz und Ausdauer in der Verfolgung ihrer Ziele. Sie konzentrieren sich ausschließlich auf das Wesentliche und lassen sich durch nichts und niemanden von ihren Vorsätzen abbringen.

Ausdauer

Da sie in ihrem Gefühlsleben ja gleichzeitig »auf der Welle der Zeit« schwimmen, wird es allerdings nicht allzu häufig vorkommen, daß ihnen ernsthaft Steine in den Weg gelegt werden. Selbst eine Marianne Bachmeier kam ja mit einer verblüffend milden Strafe davon, nicht zuletzt wohl deshalb, weil sich der größte Teil der Nation mit ihrem Verhalten identifizieren konnte.

Drei Bereiche, die eng miteinander zusammenhängen, können die persönliche Entwicklung der Steinbockmond-Geborenen blockieren: *Ängste* die Angst vor Gefühlen und emotionaler Geborgenheit, die Hemmung, sich Konflikten und unangenehmen Auseinandersetzungen zu stellen, und die genau aus diesem Grund vorhandene Neigung, allzu intensiven persönlichen Beziehungen aus dem Weg zu gehen.

Die großen Dinge des Lebens sind für sie *Herausfor-* kein Problem, die kleinen aber schon. So kann *derungen* einer ein Firmenimperium aufbauen, ohne jemals gelernt zu haben, Mitarbeiter angemessen zu kritisieren und umgekehrt auf deren Kritik einzugehen. Ein anderer mag ein herausragender Wissenschaftler sein, ohne die Zeit zu finden, eine Familie zu gründen. Alles, was mit echten persönlichen zwischenmenschlichen Beziehungen zu tun hat, ist für sie die größte Herausforderung überhaupt. Sich auf Menschen einzulassen, ohne daß es klare Spielregeln und Bedienungsanweisungen gibt, verunsichert die Steinbockmond-Geborenen mehr als alles andere – und es verschafft ihnen die größte Befriedigung, wenn es ihnen doch gelingt, über ihren Schatten zu springen.

Wassermannmond

Löwen sind Individualisten. Haben diese den Mond im Wassermann stehen, kann man sie

schon beinahe als Exzentriker bezeichnen. So *Exzentriker*
können diese ausgeprägten Persönlichkeiten
niemanden kaltlassen – entweder man liebt
und bewundert sie, oder man hält sie für ver-
schrobene Sonderlinge.

In der Tat ist der Umgang mit ihnen nicht
immer leicht: Dinge, die sie gestern noch begeistert haben, können ihnen heute völlig gleichgültig sein. Doch solche sprunghaften Stim- *Stim-*
mungswechsel und Einstellungsänderungen *mungs-*
sind ihre Stärke und nur selten eine Schwäche. *wechsel*
Denn immer sind sie auf der Suche nach dem
Neuen, Außergewöhnlichen und Originellen.
Alltägliches gibt es schließlich schon genug,
und sie sind nicht auf dieser Welt, um sich mit
Trivialitäten abzugeben. So haben denn auch
viele Künstler und Lebenskünstler diese Konstellation. Da sie in hohem Maße von ihren
Stimmungen abhängig sind und aus diesen
auch ihre besondere Kreativität beziehen, *Kreativität*
können sich nur wenige an einen geregelten
Tagesablauf gewöhnen. Das macht ihnen die
Arbeit in einem normalen Beruf natürlich
nicht leicht, und wann immer möglich, werden sie sich eine Tätigkeit wählen, die ihnen
größtmöglichen Freiraum in der Gestaltung
ihrer Arbeitszeit läßt. So wichtig ihnen ihr
persönlicher Freiraum auch ist, liegt den höherentwickelten Persönlichkeiten doch viel
daran, sich diesen nicht auf Kosten anderer zu
verschaffen. Sie möchten nicht nur einfach ihr
»eigenes Ding« machen, sie sind auch fast
immer bestrebt, mit ihren originellen Fähigkeiten die Welt oder doch zumindest ihre persönliche Umgebung ein wenig menschlicher,
bunter und phantasievoller zu machen.

Komik

Oft besitzen Menschen mit einem Wassermannmond ein ausgesprochen komisches Talent, das ihr Publikum auf unterhaltsame Weise zum Nachdenken anregt. Sie verfügen über die natürliche Gabe, sich über eine Situation zu stellen, Angriffe und Kritik an sich abperlen zu lassen und so zu tun, als ob jemand ganz anderer gemeint wäre. In den meisten Fällen reicht das schon, um den Gegner ins Leere laufen zu lassen.

Herausforderungen

Wer unter dieser Konstellation geboren wurde, für den ist nicht das Außergewöhnliche, sondern der Alltag eine echte Herausforderung – zum Beispiel Rechnungen pünktlich zu bezahlen oder den Garten in Ordnung zu halten.

Wassermannmond-Geborene reagieren meist besonders empfindlich auf die Mondphasen. Das gilt sowohl für Neumond als auch für Vollmond.

Fischemond

Wenn Sie einen Löwen kennen, aus dem Sie auch nach langer Zeit und trotz ernsthaften Bemühens einfach nicht schlau werden, ist die Wahrscheinlichkeit hoch, daß sein Mond in den Fischen steht. Das ist auch weiter kein Wunder, schließlich ist es nicht leicht, einen Menschen zu verstehen, der ein verträumter Romantiker und Schöngeist und gleichzeitig ein pragmatischer Tatmensch ist.

Schöngeist und Tatmensch

Ihre Stärke ist, daß sie – darin sind sie den Schützemond-Geborenen ähnlich – für so ziemlich alles und jeden Verständnis aufbringen können, allerdings ohne daß sie deshalb immer automatisch damit einverstanden wären. Da sie gleichzeitig auch gute Zuhörer sind, fühlt sich ihr Gegenüber verstanden und kann selbst Kritik akzeptieren, ohne sich verletzt zu fühlen.

Gute Zuhörer

Ihre größte Schwierigkeit im Umgang mit sich selbst ist hingegen, daß sie im Leben immer wieder Phasen durchlaufen, in denen sie beim besten Willen nicht wissen, was sie wollen – das aber mit aller Macht. In solchen Perioden sind sie ruhelos, grüblerisch und mit sich und der Welt zutiefst unzufrieden. Wann immer es möglich ist, sollten sie in solchen Zeiten eine kreative Pause einlegen und sich an einen Ort zurückziehen, wo sie ungestört ihren Gedanken nachhängen können. Je mehr es ihnen gelingt, abzuschalten und sich von dem Zwang, immer etwas tun zu müssen, zu befreien, um so schneller werden sie ihre innere Klarheit zurückgewinnen. Voller neuer Ideen und mit frischem Elan kehren sie dann wieder in die Alltagswelt zurück.

Überhaupt besitzen diese Menschen eine ganz außerordentliche Sensibilität in Verbindung mit einem scheinbar unerschöpflichen seelischen Energiereservoir. Mehr als andere neigen sie deshalb auch dazu, sich bis zur völligen Erschöpfung zu verausgaben. Schon allein aus diesem Grund sind regelmäßige Erholungsphasen und Rückzugsmöglichkeiten dringend notwendig.

Sensibilität

Höherentwickelten Persönlichkeiten ist – trotz der durchaus häufig vorhandenen Heimatliebe – jede Form von Stammtischpatriotismus fremd. Kulturelle und soziale Unterschiede sind ihnen nicht so wichtig, auch wenn sie die damit verbundenen Probleme im praktischen Leben durchaus sehen. Für sie persönlich zählen jedoch ausschließlich der Charakter eines Menschen und nicht seine Herkunft oder sein Bildungsgrad.

Zu Menschen, die ihnen nicht liegen, suchen sie eine höfliche Distanz, aus der jeder ungestört seine eigenen Wege gehen kann. Offenem Streit oder aggressiven Auseinandersetzungen stellen sie sich nur, wenn sich dies überhaupt nicht vermeiden läßt. Das bedeutet mitnichten, daß sie feige wären, doch in der Regel sind sie einfach davon überzeugt, daß es produktivere Möglichkeiten gibt, Meinungsverschiedenheiten auszutragen, als sich zu bekämpfen.

Intuition

Neben der außergewöhnlichen Phantasie und der so gut wie immer vorhandenen künstlerischen Begabung besitzen sie auch eine starke Intuition. Kaum jemand versteht es besser, zur richtigen Zeit am richtigen Ort zu sein, als sie.

Aufgaben

Die größte Schwierigkeit, die Menschen mit dieser Konstellation haben, mag die Einsicht sein, daß es keinen anderen Sinn im Leben gibt außer dem, den man ihm selbst gibt. Da es für Fischemonde keine verbindlichen Vorgaben gibt, an denen sie sich orientieren und festhalten könnten, müssen sie lernen, sich selbst die Welt zu »erschaffen«, in der sie leben wollen und können. Der Fischemond bietet die größte Chance zur Freiheit, aber er stellt auch die größte Herausforderung aller Mondzeichen dar.

Was kommt auf den Löwen zu?

Welcher Tag wofür geeignet ist

Ein wichtiger Bereich der Astrologie ist die
Prognose, also die »Vorhersage« zukünftiger
Ereignisse. Viele Astrologen machen keine Pro-
gnosen mehr, weil sie meinen, damit seriöser
zu wirken und bei ihren Gegnern eher anerkannt zu werden. Ich habe allerdings den Ver-
dacht, daß die meisten vor Zukunftsdeutungen *Prognose*
zurückschrecken, weil sie es einfach nicht
können. So versucht also mancher, aus der Not
eine Tugend zu machen. Nützen tut dies niemandem. Kein Astrologiegegner läßt sich be-
kehren, weil manche Astrologen keine Progno-
sen mehr machen. Und wer die Dienste eines
Astrologen beansprucht, möchte im allgemeinen doch etwas über seine Zukunft erfahren.
Auch Meister der Astrologie geben zu, daß
nicht jede Vorhersage exakt eintrifft. Das ist
aber weder schlimm noch ein auf die Astrologie begrenztes Phänomen: Die Leistungen der
modernen Meteorologie sind unbestritten, und
dennoch kann es immer wieder passieren, daß
man beispielsweise im Auto sitzt und den Wet-
terbericht hört, dem zufolge es besonders
schön sein soll, während man die Scheibenwi-
scher laufen läßt, weil es draußen in Strömen
schüttet. Und es gibt viele Menschen, die gesund und munter sind, obwohl ihnen ein Arzt
vor Jahren nur noch wenige Wochen Lebenser-
wartung prophezeit hat.

Astrologen sind keine Wahrsager, und un-
fehlbar sind sie schon gar nicht. Diese Eigen-

schaften teilen sie mit den meisten anderen Menschen. Trotzdem ist die Bestimmung der Chancen und Risiken zukünftiger Ereignisse sinnvoll und nützlich. So mancher liebeskranke Jüngling würde viel darum geben, wenn er den Tag wüßte, an dem die Aussichten, bei seiner Angebeteten Gehör zu finden, am größten sind. Sicherlich würde er auch hinnehmen, daß er sich eventuell noch ein Weilchen gedulden muß. Um so mehr, wenn ihm bewußt ist, daß übereiltes Handeln alles verpatzen könnte oder seine Herzdame gar in die Arme eines anderen treibt.

Bestimmung der Chancen

Genau das kann die Astrologie leisten: zu bestimmen, wann Ihre Chancen, erfolgreich zu sein, besonders gut sind und wann man von etwas besser die Finger läßt. Dies ist sogar so einfach, daß man kein Experte sein muß, um günstige und kritische Tage zu bestimmen. Und so geht's:

Als erstes benötigen wir den Geburtstag des Menschen, für den wir die Prognose machen wollen. Nehmen wir als Beispieldatum den 10.4., das Geburtsjahr spielt keine Rolle.

6 Monate nach dem Geburtstag finden Sie den Begegnungszeitraum. Das ist in unserem Beispiel der 10.10. plus/minus 5 Tage, also vom 5. bis zum 15.10. Dies ist die günstigste Zeit im Jahr, um jemanden kennenzulernen, sich mit anderen auszusöhnen oder einfach etwas mit den Menschen zu unternehmen, die einem am meisten bedeuten. Je mehr Sie sich in diesen Tagen auf andere statt auf sich selbst konzentrieren, um so mehr werden Sie von dieser Zeit profitieren. *Die für Sie persönlich günstigsten Zeiträume finden Sie 4 und 8 Monate nach*

Begegnungszeitraum

dem Geburtstag. In unserem Beispiel wären dies also der 10.8. und der 10.12. Auch hier gilt wie in allen anderen Fällen ein Zeitraum von plus/minus 5 Tagen. Alles, was Sie jetzt beginnen, hat größere Chancen als sonst, zu einem erfolgreichen Ergebnis zu gelangen. Passieren wird in diesen Phasen allerdings nur selten etwas Außergewöhnliches. Hier gilt das englische Sprichwort:»No news is good news« (Keine [schlechten] Nachrichten sind gute Nachrichten). Diese Konstellation wirkt sich genau umgekehrt aus wie die 3 und 9 Monate nach dem Geburtstag.

Persönlich günstiger Zeitraum

Schließlich sollen noch zwei Zeiträume genannt werden, die besonders für berufliche und geschäftliche Reisen geeignet sind. Sie eignen sich auch bevorzugt für Verhandlungen und Gespräche, Veränderungen in der Wohnung oder am Haus sowie für das Zusammentreffen mit Freunden oder Geschäftspartnern. Die Daten sind 2 und 10 Monate nach dem Geburtstag. In unserem Beispiel wären das der 10.6. und der 10.2.

Beruf und Reise

Da sich diese Daten jedes Jahr wiederholen, genügt es, sie einmal zu berechnen und zu notieren. Wenn Sie die hier gemachten Aussagen mit den Ereignissen in Ihrer persönlichen Vergangenheit überprüfen, werden Sie mit Sicherheit feststellen, daß sich so häufig treffende Übereinstimmungen ergeben, daß schon böser Wille oder Ignoranz notwendig sind, um hier noch von »reinem Zufall« sprechen zu können. Eine besonders kritische Zeit, in der Sie besser keine wichtigen Entscheidungen treffen und in der Sie nicht unnötig Riskantes unternehmen sollten, ist *3 Monate nach dem*

Kritische Zeit

Geburtstag. Da der April der 4. Monat im Jahr ist, rechnen wir einfach 4 + 3 und kommen so auf den 10.7. Die Zeit 5 Tage vor bis 5 Tage nach diesem Datum ist nun ein Zeitraum, während dessen besondere Vorsicht angebracht ist.

Die gleiche Konstellation gilt *9 Monate nach dem Geburtstag.* Bei unserem Beispieldatum wäre dies der 10.1., 4 + 9 = 13. Auch hier gilt wieder der Zeitraum plus/minus 5 Tage, somit der 5. bis 15.1.

Auf diese Weise haben Sie einfach und zuverlässig die beiden Zeiträume im Jahr bestimmt, in denen Sie besser nicht aktiv werden sollten, weil die Gefahr, Fehler zu machen, größer als sonst ist. Diese beiden Daten sind jedoch nicht durchweg problematisch, das gilt nur für das eigene Handeln und für Entscheidungen von großer Tragweite.

Positive Ereignisse

Dafür sind die Chancen, daß Ihnen Positives widerfährt, höher als sonst. Das mag wie ein Widerspruch klingen, ist es aber nicht: In den genannten Zeiträumen hat schon mancher eine Gehaltserhöhung bekommen, oder er erhielt einen wichtigen Brief, auf den er schon lange gewartet hatte. Möglicherweise schenkt Ihnen jemand etwas, oder Sie finden einen verlorengegangenen Gegenstand wieder. All dies sind jedoch Vorgänge, die Sie nicht direkt beeinflussen können. Man erlebt sie als glückliche Zufälle oder als das Ergebnis von Aktivitäten, die schon zurückliegen. Je offener Sie sind, je mehr Sie bereit sind, in diesen Tagen die Dinge einfach auf sich zukommen zu lassen, um so größer ist die Chance, daß aus Unglückstagen Glückstage werden.

Genauere Aussagen lassen sich treffen, wenn Sie berücksichtigen, daß die Konstellationen in den meisten Fällen am stärksten am berechneten Datum bis 2 Tage danach »wirken«. In unserem Beispiel wären das also der 10. bis 12. in den jeweiligen Monaten.

Diese Aussagen lassen sich wiederum präzisieren, wenn Sie die im übernächsten Abschnitt beschriebenen persönlichen Glücks- und Unglückszahlen mit einbeziehen. Hierzu müssen Sie lediglich das Datum in eine ein- und eine zweistellige Zahl verwandeln. Greifen wir wieder auf unser Beispiel zurück und wählen den 10.10.1997. (Bei dieser Rechnung muß die Jahreszahl mit einbezogen werden.) Um zu einer ein- und einer zweistelligen Zahl zu gelangen, müssen Sie lediglich die Quersumme des Datums bilden, das heißt die einzelnen Ziffern addieren: $1 + 1 + 1 + 9 + 9 + 7 = 28$; $2 + 8 = 10$; $1 + 0 = 1$. Der 10.10.1997 ergibt also zwei zweistellige und eine einstellige Zahl: 10, 28 und 1. Jetzt müssen Sie lediglich nachschauen, ob eine dieser Zahlen zu Ihren persönlichen Glücks- oder Unglücksdaten gehört. Da in unserem Beispiel der 10.10. der Stichtag des persönlichen Begegnungszeitraumes ist, ergeben sich folgende Deutungen:

Glücks- und Unglücks- zahlen

◆ *Glückszahl:* deutlich erhöhte Wahrscheinlichkeit für positive zwischenmenschliche Kontakte und angenehme Erlebnisse im Partnerschaftsbereich;

◆ *Unglückszahl:* deutlich erhöhte Wahrscheinlichkeit für wichtige Erlebnisse im Begegnungsbereich, die jedoch nicht frei von Spannungen und Konflikten sein werden;

◆ *keine Zahl:* allgemein erhöhte Ereignis-
wahrscheinlichkeit im Begegnungsbereich,
die jedoch nicht annähernd so groß ist wie
die Auslösung durch Glücks- oder Unglückszahlen.

Wer es genau wissen möchte, berechnet die
Zahlen für den gesamten Ereigniszeitraum.
   Diese Technik ist sehr einfach. Überprüfen
Sie einige Ereignisse der Vergangenheit, und
machen Sie sich ein eigenes Bild von ihrer
Treffsicherheit. Die besten Entsprechungen
werden Sie bei der Übereinstimmung mit persönlichen Unglücks- oder Glückszahlen finden, die auf den Stichtag plus/minus zwei Tage
fallen.

Was den Löwen im Lauf des Jahres erwartet

Wohl jeder würde gern wissen, was die nächste
Zukunft für ihn bereithält, erst recht, wenn er
sich für Astrologie interessiert. Um eine allge-
Vorhersage   meine Übersicht zu erhalten, gibt es eine sehr
einfache und effektive Methode: Merken Sie
sich genau die Ereignisse am Tag vor Ihrem
Geburtstag, am Geburtstag selbst und einen
Tag nach dem Geburtstag. So, wie es Ihnen an
diesen Tagen im kleinen geht, so verläuft im
großen das darauffolgende Lebensjahr. Das
heißt, der Tag vor dem Geburtstag entspricht
dem ersten Jahresdrittel, der Geburtstag dem
zweiten und der Tag nach dem Geburtstag
dem dritten.
   Ein Beispiel aus der Praxis: Ein junger Mann
fiel bei Reparaturarbeiten an seinem Haus

Der Astronomus.

So bin ich ein Astronomus/
Erkenn zukünfftig Finsternuß/
An Sonn und Mond/durch das Gestirn
Darauß kan ich denn practiciern/
Ob künfftig komm ein fruchtbar jar
Oder Theuwrung und Kriegßgefahr/
Und sonst manicherley Kranckheit/
Milesius den anfang geit.

*Astronomus: Bild von Jost Amman und Vers von
Hans Sachs aus »Eygentl. Beschreibung Aller Stände
auff Erden«, Frankfurt 1568*

einen Tag vor seinem Geburtstag von einer Leiter und verstauchte sich ein Fußgelenk. Am Geburtstag mußte er gegen seine ursprüngliche Absicht arbeiten, da ein Kollege krank geworden war. Als er später heimkam, um mit seiner Frau endlich zu feiern, war er so überreizt, daß es zum Streit kam und der ganze Abend verdorben war. Am darauffolgenden Tag sorgte er dafür, daß er früher als sonst

Beispiel   heim konnte. Er versöhnte sich mit seiner Frau, die beiden beschlossen spontan, den Abend nachzufeiern. Sie gingen aus und verstanden sich so gut wie schon lange nicht mehr. Der Streit war vergessen und begraben.

Zwei Monate später zog sich der junge Mann beim Skilaufen einen komplizierten Beinbruch zu, der ihn für sechs Monate arbeitsunfähig machte. Die ganze Zeit über war unklar, ob sein Bein wieder vollständig gesunden würde. Zusätzlich bedrückte ihn die Sorge um seinen Arbeitsplatz. Die erzwungene Untätigkeit und die Ungewißheit setzten ihm so zu, daß er phasenweise trank und das Verhältnis zu seiner Frau immer schlechter wurde. Im zweiten Jahresdrittel entlud sich die angespannte Situation in einem schlimmen Ehekrach. Nervlich am Ende und unter Alkoholeinfluß schlug er sogar seine Frau, was ihm sonst nie in den Sinn gekommen wäre. Noch am selben Abend zog diese zu einer Freundin. Der junge Mann verfiel jetzt kurzzeitig vollständig dem Alkohol. Er änderte seine Lebensweise jedoch radikal, als der Gips entfernt wurde und sich zeigte, daß sein Bein vollständig verheilt war. Er hatte nicht, wie befürchtet, seinen Arbeitsplatz verloren. Sofort stellte er seinen übermäßigen Alkoholkonsum ein. All dies gab ihm die Kraft, einzusehen, in welchem Maße er selbst zu der traurigen Entwicklung in seiner Ehe beigetragen hatte. Er bemühte sich darum, seine Frau zurückzugewinnen, was ihm auch schließlich gelang. Drei Monate vor seinem Geburtstag kam es zu einem ausgedehnten Treffen zwischen beiden, bei dem sie zum erstenmal offen über die Probleme in ihrer Ehe sprachen. Nach der Aussöhnung verstanden sich beide besser als je zuvor.

Zugegeben, nicht immer sind die Entsprechungen so offensichtlich wie in diesem Bilderbuchbeispiel. Aber glücklicherweise werden wir ja auch nicht jedes Lebensjahr von solch dramatischen Ereignissen gebeutelt. Wer sich die Mühe macht und die Ereignisse um vergangene Geburtstage mit denen der darauffolgenden Lebensjahre vergleicht, lernt schnell, diese Zusammenhänge zu sehen und zu verstehen. Mit ein wenig Kreativität können Sie dann auch Ihren letzten Geburtstag untersuchen und eine Prognose für das laufende Lebensjahr wagen. Wer es noch genauer wissen möchte, der sei auf den nachfolgenden Abschnitt verwiesen.

Zusammenhänge verstehen

Nur einen Fehler sollten Sie unbedingt vermeiden: Lassen Sie sich nicht ins Bockshorn jagen, Bangemachen gilt nicht. Verderben Sie sich nicht zukünftige Geburtstage durch die Angst vor jedem noch so kleinen Mißklang! Wer derartige Zusammenhänge zu ernsthaft und besorgt betrachtet, geht in die Falle lebensfeindlichen Aberglaubens. Das ist nicht der Sinn der Sache. Eine neugierig-humorvolle Herangehensweise ist hier sicherlich das beste Gegenmittel.

Aberglaube

Die persönlichen Glücks- und Unglückszahlen

Die Glückszahlen des Löwen sind die 1 und die 4. Das gilt auch für alle Zahlen, die auf die Ziffer 1 oder 4 enden, sowie deren Vielfache.

Günstige Tage

Das heißt, für Löwe-Geborene sind zum Beispiel das 1., das 4., das 14., das 20., das 24. und das 32. Lebensjahr von entscheidender Bedeutung, meist im positiven Sinne.

Wer möchte, kann diese Entsprechungen auf die Tage eines Monats anwenden. Hier wären also etwa der 1., der 4. und der 14. besonders günstig. Von noch größerem Vorteil ist es, wenn ein solches Datum auf einen Sonntag fällt.

Eine weitere Steigerung ist möglich, wenn die Quersumme des untersuchten Datums ebenfalls 1 oder 4 beträgt. Die Quersumme finden wir, indem wir die Ziffern eines Datums einfach zusammenzählen.

Beispiel: $22.4.1928 = 2 + 2 + 4 + 1 + 9 + 2 + 8 = 28 = 2 + 8 = 10 = 1$.

Natürlich läßt sich dieses Spiel auch anwenden auf Autonummern, Hausnummern oder die Zahlen, auf die man beim Roulette setzt. Allerdings kann man alles so übertreiben, daß aus einer guten Sache eine schlechte wird.

Unglückszahlen

Unglückszahlen des Löwen sind die 5 und die 10. Die Anwendungsregeln sind die gleichen wie bei den Glückszahlen. Auch hier sollte man Übertreibungen vermeiden. Nur ein ausgesprochen dummer Löwe läßt sich etwa den Partner seiner Träume durch die Lappen gehen, weil dieser etwa zum Zeitpunkt des Kennenlernens 25 Jahre alt ist.

Der aufmerksame Leser wird bemerkt haben, daß es Zahlen geben muß, die gleichzeitig Glücks- und Unglückszahlen sind, zum Beispiel 14 (1 + 4). Hier ist anzumerken, daß die Quersumme immer bedeutsamer ist als die letzte Ziffer. Die letzte Ziffer wiederum ist dominanter als die Vielfachen. Die 14 (Quersumme 5) ist hier also eher negativ zu werten.

Zu guter Letzt soll noch die Ergänzungs- oder Begegnungszahl erwähnt werden. Diese ist beim Löwen die 11. Alle Daten, die eine 11 enthalten, sind für Begegnungen und zwischenmenschliche Kontakte aller Art besonders geeignet.

Ergänzungs- und Begegnungszahlen

Die Sonne regiert das Zeichen Löwe

Der Löwe und sein Umfeld

Der Löwe und die anderen

Der Löwe ohne seine Mitmenschen ist wie ein
Schauspieler ohne sein Publikum. Das heißt
nicht mehr oder nicht weniger, als daß sein
Leben durch die Beziehung zu seinen Mitmenschen erst einen Sinn erhält. Natürlich kommt
er allein zurecht, wenn es denn unbedingt sein
muß, aber er weiß dann halt nicht so recht,
wozu. Halbwegs entwickelten Persönlichkeiten ist dies auch durchaus bewußt, und sie
werden mit großer Sorgfalt darauf achten, daß
sie sich ihren Freundes- und Bekanntenkreis
gewogen halten.

Es ist ein wenig wie in der freien Wildbahn: *Umgebung*
Solange sich ein Tier in seinem Terrain bewegt, fühlt es sich sicher und nutzt all seine
Möglichkeiten mit großer Selbstverständlichkeit. Reißen Sie es aus seiner vertrauten Umgebung heraus, wird sich auch das stolzeste
Tier verängstigt in irgendeiner Ecke verkrie-
chen und eine ganze Weile brauchen, bis es
sich traut, seinen neuen Lebensraum zu erkunden. So kann auch der stolzeste, selbstbe-
wußteste und würdevollste Löwe sehr klein-
laut und verschüchtert sein, wenn er sich in
einem Umfeld zurechtfinden muß, das ihm
fremd ist und in dem man ihm nicht den ge-
wohnten Respekt zollt.

In diesem Sinne und entgegen einer weitver-
breiteten Ansicht fällt es Löwen nicht besonders leicht, auf andere zuzugehen: Auf einem
vornehmen Empfang, bei dem jeder durch die

*Publikums-
liebling*

Gastgeber vorgestellt wird, kann er innerhalb einer halben Stunde eine ganz Schar von begeisterten Zuhörern um sich versammeln und sich wahrhaft königlich amüsieren. Überläßt man ihn dagegen in einer fremden Umgebung sich selbst, kann es durchaus passieren, daß er am Ende des Abends immer noch ein wenig trübselig und allein vor sich hin brütet. Damit das Eis gebrochen wird, muß so gut wie immer jemand auf ihn zugehen. Die Kunst des ersten Schrittes haben die meisten Löwen nicht so recht gelernt. Normalerweise kommt ja auch der Prophet zum Berg und nicht umgekehrt. Sich jemandem bekannt zu machen, empfinden sie ganz tief in ihrem Herzen fast schon als Beleidigung, schließlich muß ein König sich auch nicht vorstellen, man kennt ihn eben – oder schlimmstenfalls hat er seine Leute, die ihn vorstellen.

Freunde

Wenn er sich einmal einen Bekannten- und Freundeskreis aufgebaut hat, teilt er die Menschen unbewußt in drei Gruppen ein: Erstens sind da die Ignoranten, die ihn und seine besonderen Fähigkeiten nicht angemessen zu würdigen wissen. Diese fallen natürlich vollständig durch das Raster, und der Kontakt zu ihnen beschränkt sich auf das absolut Unvermeidliche. Zweitens die Fans, Menschen, die insofern seinen Respekt verdienen, als sie seine Einmaligkeit immerhin erkannt haben und entsprechend zu würdigen wissen. Dies ist der Großteil derjenigen, mit denen er seine Freizeit verbringt und die ihm die Möglichkeit geben, seinen Selbstdarstellungsdrang angemessen auszuleben. Drittens die Exoten: Darunter versteht ein Löwe alle Menschen, die völlig anders sind als er und die von ihm dafür bewundert werden. Persönlichkeiten, die ihm ähnlich sind, kann er weder bewundern noch respektieren; sie sind bestenfalls Konkurrenten, und schließlich können niemals zwei gleichzeitig die erste Geige spielen. Er wird anderen Löwen oder Menschen, die sich wie welche verhalten, all die Charaktereigenschaften zum Vorwurf machen, die er selbst in reichlichem Maße besitzt und auf die er so stolz ist. Seine eigenen Ausführungen findet er faszinierend, unterhaltsam und erhellend, die eines Konkurrenten selbstverständlich enervierend, langweilig und peinlich.

Doch zurück zu den Exoten: Hier handelt es sich um Menschen, die es fertiggebracht haben, Außergewöhnliches zu leisten oder einfach faszinierende Persönlichkeiten zu sein, ohne dabei in irgendeine Konkurrenz mit dem Löwen zu geraten. Vielleicht ist der Löwe Schauspieler und eine gute Freundin die erfolgreichste Taxiunternehmerin der Stadt. Er wird sie bewundern und stolz darauf sein, sie zu kennen, und keine Gelegenheit auslassen, um ihre Talente im besten Licht darzustellen. Schließlich ist sie für ihn keine Konkurrenz. Sein Bühnenerfolg hat nichts mit den Umsätzen der Taxiunternehmerin zu tun. Außerdem übt sie eine Tätigkeit aus, die ihn niemals interessiert hat und wohl auch nie interessieren wird. In solchen – und *nur* in solchen – Fällen wird ein Löwe nicht die geringsten Probleme haben, daß jemand etwas besser kann und sich in einem Bereich mehr auskennt als er. In seinem persönlichen Bekanntenkreis wird ein entwickelter Löwe am liebsten solche Menschen

Vorliebe für Exoten

um sich haben. Sie kann er einigermaßen als gleichwertige Persönlichkeiten anerkennen, hier kann er auch einmal für eine Weile sein permanentes Imponiergehabe vergessen und das Gefühl haben, unter Freunden zu sein und nicht nur ein Publikum zu unterhalten.

Wie kann's der Löwe mit den übrigen Tierkreiszeichen?

Entgegen der allgemein verbreiteten Meinung gibt es keine bestimmten Tierkreiszeichen, die automatisch gut zusammenpassen, während sich andere überhaupt nicht verstehen. Das liegt nicht nur daran, daß unser Sonnenzeichen nur *ein* Aspekt unter vielen in unserem Horoskop ist. Entscheidend ist ganz einfach der gute Wille zweier Menschen: Ein glücklich verliebtes Paar wird sich kaum darum scheren, ob es aus astrologischer Sicht miteinander harmoniert oder nicht. Umgekehrt können Menschen Todfeinde sein, die laut Theorie doch gut zusammenpassen müßten. Dennoch sind allgemeine Hinweise sinnvoll und nützlich, um feststellen zu können, wo Stolpersteine im Umgang miteinander liegen können, und wo es besondere Chancen gibt.

$$\Omega - \gamma$$

Löwe – Widder

In vielen Büchern über Tierkreiszeichen wird diese Beziehung als besonders günstig beschrieben. Dies gilt jedoch nicht ohne Einschränkung: Der Löwe möchte fast immer dominieren und der Boß sein. Löwen, die keinen *Schwierig-* gesunden Drang zum Herrschen haben, tarnen *keiten* sich entweder besonders raffiniert, oder sie sind seelisch schwer angeschlagen und brauchen unbedingt jemanden, der ihr Selbstwertgefühl aufbaut. Für beides ist der Widder nur begrenzt zu haben. Schließlich legt er viel Wert auf seine Unabhängigkeit, er mag sich weder beherrschen lassen noch seinen Partner aufpäppeln müssen.

Allerdings besitzen beide Zeichen einen natürlichen Respekt voreinander, der sich besonders positiv in geschäftlichen und rein *ger Respekt* freundschaftlichen Verbindungen zeigt. Keiner überschreitet die Grenzen des anderen, und die üblichen Machtspielchen bleiben aus.

In Liebesbeziehungen ist besonders während der Anfangsphase eine ausgesprochen *Liebesbezie-* leidenschaftliche Sexualität möglich, die Mei-*hungen* nungsverschiedenheiten schnell vergessen läßt. Paare, denen es gelingt, sich diese Leidenschaftlichkeit zu erhalten, werden sicherlich auch in der Lage sein, mit allen übrigen Herausforderungen des Lebens gemeinsam fertig zu werden. Anderen wird es gelingen, die sexuelle Anziehung um den Aspekt einer Herzensbindung zu erweitern. Auch diese Paare haben die denkbar besten Möglichkeiten für eine glückliche gemeinsame Zukunft.

Beziehungen allerdings, die ohne besondere Leidenschaftlichkeit ihren Anfang nahmen, werden auch wenig Aussicht haben, sich zu einer harmonischen und tragfähigen Partnerschaft zu entwickeln. Die Gefahr, sich freundlich auseinanderzuleben, bevor man überhaupt richtig zueinandergefunden hat, ist groß.

Manches Paar verbringt dann ein ganzes Leben damit, friedlich nebeneinanderher zu leben und sich miteinander zu Tode zu langweilen.

$$\Omega - \forall$$

Löwe – Stier

Gegensätze

Stiere und Löwen sind von ihrem Wesen her eher gegensätzlich. Doch das Fremde macht bekanntlich auch neugierig. Mit ein wenig gutem Willen können sich die beiden Partner recht gut ergänzen, wenn erst einmal ausreichend Verständnis füreinander aufgebaut wurde.

Löwen unterliegen häufig dem Irrtum, sich dem Stier gegenüber überlegen zu fühlen, da sie dazu neigen, selbstbewußter aufzutreten. Es braucht eine Weile, bis sie merken, daß sie vielleicht schneller und mit größerer Lautstärke handeln, aber nicht unbedingt effektiver. Wo der Löwe spontan und voller Begeisterung, ohne groß nachzudenken, loslegt, überlegt der Stier erst und erreicht infolgedessen mit weniger Aufwand mehr. Der Löwe-Partner muß lernen, für eine erfolgreiche Partnerschaft sein Dominanzstreben zurückzunehmen, um unnötige und belastende Auseinandersetzungen zu vermeiden. Der Stier hingegen ist gefordert, sich vom Temperament des Löwen nicht ins Bockshorn jagen zu lassen.

Zu Beginn einer Bekanntschaft neigt der Stier dazu, den Löwen fast kritiklos zu bewundern, was sich dieser nur allzugern gefallen läßt. Es wird dem Stier schwerfallen, auch nur angemessen zu Wort zu kommen, denn bevor der einen Gedankengang des vor Ideen übersprudelnden Löwen nachvollzogen hat, ist dieser schon längst bei einem anderen Thema. So entsteht schnell der Trugschluß, daß sein Gegenüber praktisch alles weiß und kann und es kein Problem gibt, das dieser nicht in kürzester Zeit lösen könnte. Staunend nimmt der Stier den Mut und das Selbstbewußtsein des Löwen zur Kenntnis, während er selbst eher vorsichtig und bedächtig zu Werke geht. Schnell findet der Stier jedoch heraus, daß der Löwe ein wenig dazu neigt, zu handeln, bevor er nachgedacht hat. Auch dessen Hang, die Dinge in einem für ihn günstigen Licht erscheinen zu lassen, entgeht dem Stier nicht. So weicht die Bewunderung bald einer eher kritischen Haltung, und mit Kritik tun sich Löwen nicht gerade leicht.

Wenn beide fähig und willens sind, diese *Chancen* Klippen zu umschiffen, können sich in dieser Verbindung Spontaneität und Sorgfalt, Lebensfreude, Risikobereitschaft und Gründlichkeit auf faszinierende Weise ergänzen. Der Weg zu einer tragfähigen Beziehung ist hier nicht einfach. Doch ist dies gelungen, wird es kaum eine Herausforderung geben, der die beiden nicht gewachsen wären.

$$\Omega - \mathrm{I\!I}$$

Löwe – Zwillinge

Dies ist eine der originellsten und spannend- *Originelle* sten Verbindungen zwischen zwei Tierkreiszei- *Verbindung* chen. Zwillinge und Löwen sind verschieden genug, um sich nicht in die Quere zu kommen, und einander doch so ähnlich, um sehr gut zusammenzupassen.

*Span-
nungs-
reiche Be-
ziehung*

Löwen und Zwillinge lassen einander selten kalt – so gut wie immer sprühen die Funken, aber damit ist noch längst nicht ausgemacht, was aus den beiden wird. Vielleicht lassen sie, bevor es überhaupt zum ersten richtigen Flirt kommt, keine Gelegenheit zum Streit aus, und ihre Beziehung überwindet niemals das Stadium einer merkwürdig distanzierten Haßliebe. Oder aber sie rasen aufeinander zu wie zwei D-Züge, die sich auf demselben Gleis entgegenkommen. In solchen Fällen ist guter Rat nicht teuer – er ist unmöglich und völlig überflüssig. Das, was mit einem solchen Paar geschieht, kann ein Außenstehender sowieso niemals begreifen, und es ist sehr die Frage, ob es die beiden können.

Berufsleben

Zwillinge halten grundsätzlich nichts von raffinierten Manipulationen – was einer nicht freiwillig tut, soll er eben lassen. Das mag nicht unbedingt für das Berufsleben gelten, aber für ihren persönlichen Umgang. Löwen leben gern in der Illusion, der Boß zu sein; und wenn sie Glück haben, spielt der Zwilling aus lauter Liebe das Spiel ein bißchen mit – solange beiden klar ist, daß es sich hier wirklich nur um ein Spiel handelt. Andernfalls haben die zwei ein echtes Problem.

Chancen

Was einen Zwilling an einem Löwe fasziniert, ist der Charme der Unverblümtheit. Zwillinge sind es gewohnt, mit charmanten Lügen umzugehen, sie wissen, wie man sich Menschen entzieht, die einem Schuldgefühle machen wollen, und sie sind in der Lage, Erpressungen völlig zu ignorieren. Wenn einer jedoch geradeheraus sagt, was er denkt und will, sind sie erst einmal sprach- und anschließend wehrlos – etwas, das einem Zwilling wahrlich sonst nur äußerst selten passiert. Das ist es, was man unter entwaffnender Offenheit versteht. Viele Zwillinge sind von dieser Charaktereigenschaft des Löwen so fasziniert, daß diese bereits ausreicht, um sich in ihn zu verlieben. Der Löwe schätzt am Zwilling wiederum seine Originalität und Quirligkeit. So verbinden diese so verschiedenen *Gemein-* Charaktere schon zwei Dinge: die Abneigung *samkeiten* gegen jede Form von Anpassung und Unterdrückung und die Fähigkeit, auch gegen äußeren Widerstand seinen eigenen Weg zu gehen.

Löwe – Krebs

Krebse und Löwen verstehen sich sehr viel besser, als allgemein behauptet und geglaubt wird. Immerhin haben beide die gleichen Zeichenherrscher, nämlich Sonne und Mond, nur mit unterschiedlicher Gewichtung. Beide zusammen sind *die* Gefühlszeichen über- *Gefühls-* haupt. Das ist die größte Stärke und natür- *zeichen* lich auch die Schwäche einer solchen Beziehung: Solange das Emotionale zwischen beiden stimmt, wird es nichts geben, was sie auseinanderbringen könnte. Sind die Gefühle eines der beiden verletzt, entsteht ein ernsthaftes Problem. Auch kleine Anlässe können dann zu heftigen Auseinandersetzungen führen, welche die Partnerschaft sogar grundsätzlich in Frage stellen. So sind Partnerschaften zwischen Krebsen und Löwen entweder kurze, leidenschaftliche Intermezzi, die mit einem heftigen Paukenschlag auseinandergehen, oder ausgesprochen stabile Beziehungen, in denen sich zwei Seelenverwandte gesucht und gefunden haben. Halbheiten – insbesondere im Liebesleben – liegen weder dem Krebs noch dem Löwen. Das macht das Zusammensein vielleicht nicht einfacher, aber aufrichtiger und erfüllter. Ein gelangweiltes Nebeneinanderherleben kommt in solchen Beziehungen praktisch nie vor.

Berufsleben

Als Team können beide oft erstaunlich gut zusammenarbeiten, vor allem wenn es um kreative Tätigkeiten geht. In der Regel ist der Krebs derjenige, dem das Entwickeln der Ideen leichter fällt, während der Löwe eher der Macher ist, der dafür sorgt, daß sie auch verwirklicht werden. Natürlich kann sich in aller Regel der Löwe Dritten und der Öffentlichkeit gegenüber weitaus besser verkaufen als der Krebs. Gelegentlich wird er auch der Versuchung nicht widerstehen können, als sein persönliches Verdienst auszugeben, was in Wirklichkeit die Leistung beider ist. Insgeheim beneidet der Löwe den Krebs um seine schier grenzenlose schöpferische Phantasie, während der Krebs gern mit der gleichen Selbstverständlichkeit ins volle Leben greifen würde wie der Löwe.

Konfliktpotential und Chancen

Hier liegt ein großes Konfliktpotential, aber natürlich auch die außergewöhnliche Chance, sich nahezu perfekt zu ergänzen. Es kommt darauf an, wie sehr beide bereit sind, über ihren Schatten zu springen und im Interesse der Beziehung und/oder der Zusammenarbeit persönliche Eitel- und Empfindlichkeiten zurückzustellen.

♌ – ♌

Löwe – Löwe

Bei allen Beziehungen, die demselben Tierkreiszeichen angehören, ergeben sich die gleichen, nur scheinbar widersprüchlichen Re-
geln. Zum einen gilt natürlich das Sprichwort
»Gleich und gleich gesellt sich gern«. Allerdings ist dies eher für freundschaftliche Verbindungen als unbedingt für Liebesbeziehungen gültig. Schließlich sucht man im Partner
weniger den Spiegel seiner selbst als vielmehr
die Ergänzung. Sich selbst meint man ja mehr
oder weniger zu kennen, aber das Gegenstück
zum eigenen Charakter übt immer einen besonderen Reiz aus.

Ähnlichkeiten im Wesen und im Verhalten *Verständnis*
sind sicherlich eine große Hilfe, um Mißverständnisse zu vermeiden, doch tragen sie nicht
unbedingt zu einer Steigerung der gegenseitigen Toleranz bei. Menschen neigen in vielen Situationen dazu, für die eigenen Schwächen bei
anderen weniger Verständnis aufzubringen als
für Schwierigkeiten, mit denen sie selbst niemals zu kämpfen haben. Der Logik nach sollte
es anders sein, schließlich scheint es nicht ver-
nünftig und ungerecht, dem Partner Unzuläng-
lichkeiten vorzuwerfen, die man selbst besitzt.
Doch niemand läßt sich gern den Spiegel vor-
halten, wenn er darin unvorteilhaft aussieht.
Dies mag eine Erklärung sein. Ein weiterer
Gesichtspunkt ist die Abneigung gegen Gewohnheiten, denen man selbst einmal gefrönt
hat. Man denke nur an das Verhalten einiger
ehemaliger Raucher, die um ein Vielfaches in-

toleranter gegenüber Noch-Rauchern sein können als so manche, die niemals eine Zigarette
angerührt haben. Natürlich ist es jedoch immer
auch eine Frage des Entwicklungsniveaus, in-
wieweit man die eigenen Schwächen anderen
zum Vorwurf macht. Im günstigen Falle können
zwei Löwen daher ein Team sein, das sich blind
versteht und gemeinsam alle Herausforderungen des Lebens meistert.

Falls Aszendent und Mond nichts anderes
aussagen, sind solche Partnerschaften nur
selten besonders leidenschaftlich. Der Nach-
teil mag sein, daß ekstatische Höhepunkte rar
sind oder gar nicht vorkommen. Dafür bleiben
ihnen jedoch auch in aller Regel die Auswir-
kungen krankhafter Eifersucht und zermür-
bender Auseinandersetzungen erspart. Partnerschaften, die einige Jahre lang gutgegangen
sind, haben mehr Aussichten als andere Verbindungen gleicher Tierkreiszeichen, auch auf
Dauer bestehen zu können.

$$\Omega - \mathfrak{M}$$

Löwe – Jungfrau

*Ungünstige
Kombina-
tion*

Dies ist nicht unbedingt eine günstige Kombination. Der Löwe braucht sein Publikum
und die Möglichkeit zur Selbstdarstellung, die
Jungfrau möchte Sicherheit und Beständigkeit
und unter keinen Umständen auffallen. Der
Löwe wirft das Geld (fast) mit offenen Händen
zum Fenster hinaus, die Jungfrau möchte spa-
ren und ihr Kapital gut anlegen. Der Löwe liebt
das Risiko, die Jungfrau möchte das Erreichte
nicht aufs Spiel setzen.

Wenn allerdings das Interesse aneinander *Chancen* groß genug ist, können sich diese so unterschiedlichen Zeichen ausgezeichnet ergänzen, denn der eine gleicht die Schwächen des anderen aus, und beide können von ihren gegenseitigen Stärken profitieren: Ein Löwe, der eine Jungfrau liebt oder schätzt, wird sich ernsthaft bemühen, ihren Rat zu berücksichtigen, während er sich doch sonst von niemandem gern etwas sagen läßt. Unbedachte und riskante Aktionen, die unnötig gefährlich sind, ohne daß außergewöhnliche Erfolgsaussichten den hohen Einsatz rechtfertigen, werden von ihm dann kaum noch unternommen.

Umgekehrt wird die eher zurückhaltende und unauffällige Jungfrau sich vom Löwen zu mehr Lebenslust anstiften lassen und dadurch vielleicht spontaner und genußfähiger werden. Wenn beide Seiten beständig daran arbeiten, ihre so unterschiedlichen Temperamente zu verstehen und zu akzeptieren, so sind außergewöhnliche und einander fördernde Partnerschaften möglich. Andernfalls besteht die Gefahr, daß wachsende gegenseitige Verständnislosigkeit der Beziehung die Grundlage entzieht. Schneller, als man denkt, werden die beiden sich dann fremd, und keiner hat dem anderen mehr etwas zu sagen. Das Hauptrisiko *Risiko* liegt hier natürlich darin, daß der Löwe den Jungfrau-Partner zum Lobhudler und Beifallklatscher degradiert, während die Jungfrau die Verschwendungssucht, Selbstbezogenheit und Eitelkeit des Löwen irgendwann nicht mehr erträgt.

In der Praxis hat sich gezeigt, daß Löwe-Männer mit ihren Jungfrau-Damen oft besser

dran sind, als ihnen selbst bewußt ist. Jung-
frau-Männer hingegen müssen sich häufig an-
strengen, um bei dem Tempo und der Energie
ihrer Löwin mithalten und der Konkurrenz auf
Dauer gewachsen zu sein.

$$\Omega - \underline{\frown}$$

Löwe – Waage

Der Löwe sehnt sich nach einem hingebungs-
vollen, romantischen und attraktiven Partner.
Wenn er ganz ehrlich ist, könnten es auch
ruhig mehr als einer sein, denn er ist nicht
immer ein unbedingter Verfechter der Mono-
gamie. Doch das soll hier nicht unser Thema
sein. Die Waage wünscht sich ein temper-
amentvolles sowie selbstbewußtes Gegenüber,
das den Herausforderungen des Lebens ent-
schlossen entgegentritt.

*Romanti-
sche Liebe* Beide glauben fest daran, daß die wahre
Liebe alle Hindernisse überwindet. Und für
diese Konstellation ist das auch bestimmt
richtig, da in Beziehungsfragen beide hoff-
nungslose Gefühlsmenschen und Romantiker
sind. Mag sein, daß ihre Freunde und Bekannten über die beiden nur ungläubig den Kopf
schütteln und sich fragen, was zwei so unterschiedliche Menschen nur aneinander finden
können, der eine selbstverliebt und großsprecherisch, der andere vorsichtig und harmonie-
süchtig. In Wahrheit passen sie zusammen wie
der Schlüssel und das Schloß. So nimmt es
auch nicht wunder, daß hier die Liebe auf den
ersten Blick öfter vorkommt als bei anderen
Tierkreiszeichen. Man kann sogar sagen, daß

sich solche Paare entweder auf Anhieb hervorragend verstehen oder gar nicht. Zwar mag es
aus verschiedenen Gründen eine Weile dauern, bis die beiden endgültig zueinanderfinden, doch ist die Entscheidung in Wahrheit
schon beim ersten Zusammentreffen gefallen.
Mag sein, daß die Waage auf die Eroberungs-
versuche des Löwen erst einmal zurückhaltend reagiert, doch liegt dies nur in den seltensten Fällen daran, daß sie seine Gefühle
nicht erwidert. Im Gegenteil: Sie möchte sich
davon überzeugen, daß sie sich der Gefühle
des Löwen sicher sein kann. Schließlich besitzt sie genügend Menschenkenntnis, um seinen Jagdtrieb richtig einschätzen zu können,
und sie will mehr, als nur eine weitere Trophäe
in seiner Sammlung sein.

Echte Partnerschaften zwischen diesen Zeichen sind so gut wie immer ausgesprochen leidenschaftlich. Dies schließt natürlich Auseinandersetzungen, Streit und Eifersucht mit ein.
Dies gefährdet jedoch die Partnerschaft keineswegs, vielmehr intensiviert es die Gefühle
füreinander noch, solange ein gewisses Niveau
nicht unterschritten wird.

*Leiden-
schaft*

Am besten verstehen sich die beiden, wenn
sie miteinander allein sind. Nur selten wird
sich der Freundeskreis des Löwe-Partners mit
dem der Waage verstehen und umgekehrt,
dafür sind die beiden – aus der Sicht Außenstehender – einfach zu verschieden. Außerdem sind beide eifersüchtig, und die Waage
mag das ständige Imponiergehabe des Löwen
genausowenig wie dieser die Aufgeschlossen-
heit der Waage für alles Neue. Doch das ist
weiter kein Problem, da die beiden ihre ge-

meinsame Zeit so intensiv wie möglich nutzen möchten, und da wären Dritte nur störend.

Im Laufe der Jahre schafft sich das Paar gemeinsam einen neuen Freundeskreis, aber für eine harmonische Partnerschaft ist es auch wichtig, daß keiner der beiden seine alten Bekanntschaften aufgibt.

$$\Omega - \mathfrak{M}$$

Löwe – Skorpion

Attraktive Gegensätze

Skorpione und Löwen sind von ihrem Wesen her sehr verschieden. Doch das Fremde macht bekanntlich auch neugierig. Mit ein wenig gutem Willen können sich die beiden Partner recht gut ergänzen, wenn erst einmal genügend Verständnis füreinander aufgebaut wurde. Einfach wird es dadurch noch lange nicht, aber »einfach« – das ist auf Dauer gesehen keine Beziehung, die diesen Namen verdient, oder?

Löwen unterliegen häufig dem Irrtum, sich dem Skorpion überlegen zu fühlen, da sie dazu neigen, selbstbewußter aufzutreten. Es braucht eine Weile, bis sie merken, daß sie vielleicht schneller und mit größerer Lautstärke handeln, aber nicht unbedingt effektiver. Wo der Löwe spontan und voller Begeisterung, ohne groß nachzudenken, loslegt, spinnt der Skorpion im Hintergrund seine Netze und erreicht damit ohne große Worte wesentlich mehr. Der Löwe-Partner muß lernen, für eine erfolgreiche Partnerschaft sein Dominanzstreben zurückzunehmen, um unnötige und belastende Auseinandersetzungen zu vermeiden. Der Skorpion hingegen ist gefordert, sich vom Temperament des Löwen nicht ins Bockshorn jagen zu lassen. Die Erfahrung hat gezeigt, daß Skorpione ungewöhnlich häufig Angst vor dem Selbstbewußtsein und dem Kampfwillen der Löwen haben, dabei sind es eher die Löwen, die die Skorpione fürchten sollten. Es verhält sich wie in der Natur: Der Löwe ist vielleicht größer und brüllt lauter, doch durch einen Stich des Skorpions kann er schnell und unvermittelt zu Tode kommen, während der Löwe dem Skorpion kaum etwas anhaben kann.

Zu Beginn einer Bekanntschaft neigt der Skorpion dazu, den Löwen fast kritiklos zu bewundern, was dieser sich natürlich beliebig lange gefallen läßt. Es wird dem Skorpion schwerfallen, auch nur angemessen zu Wort zu kommen, denn bevor er einen Gedankengang des vor eindrucksvoller Selbstdarstellung übersprudelnden Löwen nachvollzogen hat, ist dieser schon längst bei einem anderen Thema. So entsteht schnell der Trugschluß, daß sein Gegenüber praktisch alles weiß und kann – und es gäbe kein Problem, das dieser nicht in kürzester Zeit lösen könnte. Staunend nimmt der Skorpion den Mut und das Selbstbewußtsein des Löwen zur Kenntnis, während er selbst eher vorsichtig und bedächtig zu Werke geht, wie er meint. Rasch findet der Skorpion jedoch heraus, daß der Löwe ein wenig dazu neigt, zu bluffen, nur um Eindruck zu schinden. Auch der Hang des Löwen, die Dinge in einem für ihn günstigen Licht erscheinen zu lassen, entgeht dem Skorpion nicht. So weicht die Bewunderung bald einer eher kritischen Haltung, und mit Kritik an ihrer Person wollen Löwen nichts zu tun haben.

Bewunderung

Gute Er-
gänzung Wenn beide Partner fähig und willens sind, diese Klippen zu umschiffen, können sich Spontaneität und Zuverlässigkeit, Lebensfreude, Machtinstinkt und Leidenschaft auf faszinierende Weise ergänzen. Der Weg zu einer tragfähigen Beziehung ist dabei wie gesagt nicht leicht. Doch ist es gelungen, wird es kaum eine Herausforderung geben, der die beiden nicht gewachsen wären.

$$\Omega - \nearrow$$

Löwe – Schütze

In vielen Büchern über Tierkreiszeichen wird diese Beziehung wie die zwischen Löwe und Widder besonders günstig beschrieben. Dies gilt leider nicht ohne Einschränkung: Der Löwe möchte wie gesagt fast immer dominieren und das Sagen haben. Löwen, die keinen gesunden Drang zum Herrschen haben, tarnen sich entweder besonders raffiniert, oder sie sind seelisch schwer angeschlagen und brauchen unbedingt jemanden, der ihr Selbstwertgefühl aufbaut. Für beides ist auch der Schütze nur begrenzt zu haben. Schließlich legt er viel Wert auf seine Unabhängigkeit, er mag sich weder beherrschen lassen noch seinen Partner aufpäppeln müssen.

Gegenseiti-
ger Respekt Allerdings besitzen beide Zeichen einen natürlichen Respekt voreinander, der sich besonders positiv in geschäftlichen und rein freundschaftlichen Verbindungen zeigt. Keiner überschreitet die Grenzen des anderen, und die üblichen Machtspielchen bleiben aus. Gerade wenn es »nur« um freundschaftliche Kontakte geht, ist fast immer gegenseitige Sympathie vorhanden.

In Liebesbeziehungen ist besonders in der Anfangsphase eine ausgesprochen leidenschaftli- *Leiden-*
che Sexualität möglich, die Meinungsverschie- *schaftliche*
denheiten schnell vergessen läßt. Paare, denen *Sexualität*
es gelingt, sich diese Leidenschaftlichkeit zu erhalten, werden sicherlich auch in der Lage sein,
mit allen übrigen Herausforderungen des Lebens
gemeinsam fertig zu werden. Anderen wird es
gelingen, die sexuelle Anziehung um den Aspekt
einer Herzensbindung zu erweitern. Auch diese
Paare haben die denkbar besten Aussichten für
eine glückliche gemeinsame Zukunft.

Beziehungen allerdings, die ohne besondere
Leidenschaftlichkeit ihren Anfang nahmen,
werden auch wenig Aussicht haben, zu einer
harmonischen und tragfähigen Partnerschaft
zu werden. Die Gefahr, sich freundlich auseinanderzuleben, bevor man überhaupt richtig zueinandergefunden hat, ist groß. Manches Paar
verbringt dann ein ganzes Leben damit, friedlich nebeneinanderher zu leben und sich miteinander zu Tode zu langweilen. Aktivitäten
außerhalb der Beziehungen müssen dann für
die nötigen »Kicks« sorgen, so daß von einer
echten Partnerschaft im eigentlichen Sinne des
Wortes kaum noch gesprochen werden kann.
Am erfolgversprechendsten sind Beziehungen,
in denen beide zusammenarbeiten oder intensiv gemeinsame Interessen verfolgen.

$$\Omega - \gamma_0$$

Löwe – Steinbock

So unterschiedlich diese beiden Tierkreiszeichen auch sind, gemeinsam ist ihnen ihr

Eigensinn Eigensinn, ihre Starrköpfigkeit und ihre wenig ausgeprägte Eigenschaft, vor anderen Fehler zuzugeben – am wenigsten vor dem Partner. Beide sind ausgesprochene Rechthaber, der Löwe lautstark und wortreich, der Steinbock einfach mit der ihm eigenen Beharrlichkeit. Außenstehende mögen sich kopfschüttelnd fragen, wie ein solches Paar es fertigbringt, selbst über Nebensächlichkeiten stundenlang erbittert zu debattieren, um dann endlich einen Kompromiß zu finden, der beiden recht gibt und keinen das Gesicht verlieren läßt.

So mancher wird es sich deswegen zweimal überlegen, bevor er mit einem Löwe-Steinbock-Paar in Urlaub fährt. Doch zum Glück lernen die meisten mit der Zeit den Klärungsbedarf bei Alltagsthemen deutlich einzuschränken – schließlich ist ja jede Diskussion irgendwann einmal bereits geführt worden –, und nichts entnervt einen Löwen mehr als endlose Wiederholungen. Dem Steinbock hingegen sind allzu lange Privatdiskussionen an sich schon ein Greuel. Auf der anderen Seite können Löwe-Steinbock-Paare gerade wegen ihrer Verschiedenartigkeit so viel voneinander lernen, und das braucht eben seine Zeit und kann nicht ohne Reibereien gelingen.

In Freundschaften und Geschäftsbeziehungen kommt die Motivation, die schwierige Anfangsphase meistern zu wollen, tatsächlich häufig aus der bewußten oder unbewußten Einsicht, daß sich die »Investition« für beide Seiten früher oder später lohnen wird.

In Liebesbeziehungen ist es oft eine außer*Erotische* gewöhnlich starke, eigentümliche und sehr
Anziehung persönliche erotische Anziehung, welche die

großen Temperamentsunterschiede vergessen läßt und vielen Auseinandersetzungen die Spitze nimmt. Verbindungen, die diese Phase heil überstehen, haben gelernt, den anderen so zu nehmen, wie er ist, und die völlig unterschiedliche Persönlichkeit des Partners als Bereicherung und nicht als Manko aufzufassen. Dort, wo sie ein gemeinsames Lebenskonzept aufgebaut haben, ziehen sie an einem Strang, und kaum jemand hat noch eine Chance, einen Keil zwischen die beiden zu treiben, dafür haben sie sich die gemeinsame Basis zu hart erarbeitet. Bei Lebensbereichen hingegen, in denen Persönlichkeits- und Temperamentsunterschiede unüberbrückbar sind, läßt man sich gegenseitig so viel Freiraum, daß keiner den anderen behindert.

Diese Verbindungen sind also keine Partnerschaften, die so ohne weiteres auf Anhieb problemlos »funktionieren«. Dafür sind sie für die gegenseitige Persönlichkeitsentwicklung um so nützlicher.

Persönlichkeitsentwicklung

$$\Omega - \approx$$

Löwe – Wassermann

Wenn zwei Tierkreiszeichen wie füreinander geschaffen sind, dann diese. Die beiden sind sich niemals gleichgültig – entweder sie sind die größten Freunde oder die schlimmsten Feinde. In den meisten Fällen werden sich beide auf Anhieb verstehen. Der Löwe hat keine Probleme mit der manchmal ein wenig undiplomatischen und exzentrischen Art des Wassermanns. Denn zum einen ist er sowieso

Freunde oder Feinde

Die LIEBENDEN

hauptsächlich mit sich selbst beschäftigt, zum anderen findet er sie spritzig und originell, und sein Bekanntenkreis wird ihn um seine Eroberung beneiden. Alle sind von deren Originalität, Freiheitsdrang und Intelligenz fasziniert. Der Wassermann wiederum schätzt das »Savoir-vire« des Löwen, seine weltmännische und gelassene Art.

Beide glauben fest daran, daß die wahre Liebe alle Hindernisse überwindet, zumindest nachdem sie sich kennengelernt haben. So nimmt es auch nicht wunder, daß hier die Liebe auf den ersten Blick öfter vorkommt als bei anderen Tierkreiszeichen. Zwar mag es aus verschiedenen Gründen eine Weile dauern, bis die beiden endgültig zueinanderfinden, doch ist die Entscheidung in Wahrheit schon beim ersten Zusammentreffen gefallen.

Liebe auf den ersten Blick

Echte Partnerschaften zwischen diesen Zeichen sind so gut wie immer sehr romantisch und sehr leidenschaftlich. Dies schließt natürlich Auseinandersetzungen, Streit und Eifersucht mit ein. Doch gefährdet dies die Partnerschaft keineswegs, vielmehr intensiviert es die Gefühle füreinander noch.

$$\Omega - \mathcal{H}$$

Löwe – Fische

Diese beiden Tierkreiszeichen sind sich so fremd, daß man fast annehmen könnte, sie kämen von verschiedenen Planeten. Dennoch stehen die Chancen für eine harmonische Partnerschaft nicht schlecht: Zum einen können andere Horoskopfaktoren, insbesondere

Starke Unterschiede

Aszendent und Mond, einen Ausgleich schaffen, zum anderen kann Wesensfremdheit in günstigen Fällen die Neugier kräftig anheizen.

Fische sind nur äußerst selten Kämpfernaturen, jede Form der Auseinandersetzung ist ihnen zuwider, und Streit und Gewalt sind ihnen ein echtes Greuel. So tun sie sich anfangs schwer mit dem Löwe-Temperament, das noch ganz von den Gesetzen des Dschungels geprägt ist: »Fressen und gefressen werden.« Der Löwe wird alles tun, um nicht zu denen zu gehören, die »gefressen« werden. Deshalb ist er ja schließlich der König der Tiere.

Fische hingegen sind Idealisten, sie weigern sich, daran zu glauben, daß es nicht für jedes Problem eine friedliche und einvernehmliche Lösung gibt. Sie sind davon überzeugt, daß alles nur eine Frage des guten Willens und der Toleranz ist.

Diese Einstellung erscheint dem Löwen – gelinde gesagt – ein wenig weltfremd, er kann darin bestenfalls eine schöne Utopie sehen, von deren Verwirklichung wir noch Lichtjahre entfernt sind.

Gerechtig-
keitssinn

Was beide Zeichen miteinander verbindet, ist jedoch ihr tiefverwurzelter Gerechtigkeitssinn. Die Fische sind nicht so unrealistisch, zu glauben, daß es in unserer Welt keine Unterdrückung, Diskriminierung oder Benachteiligung von Schwachen gäbe. Zwar sind sie davon überzeugt, daß mit Aufklärung und Verhandlungen diese Probleme langfristig gelöst werden können, doch kann sich ein Löwe ihrer Sympathie sicher sein, der die Rechte Schwächerer verteidigt, auch wenn die Fische mit der Wahl der Mittel nicht immer einverstanden sind.

Das Fische-Temperament irritiert einen echten Löwen sehr: In Situationen, in denen er sich in seiner Existenz bedroht fühlt und bereit ist, um sein Leben zu kämpfen, sitzt der Fisch immer noch in aller Ruhe am Tisch und diskutiert mit dem vermeintlichen Bösewicht. Viele beleidigenden und ehrenrührigen Äußerungen wird ein Fisch gar nicht als solche empfinden – er fühlt sich einfach nicht gemeint. Ein Löwe dagegen bezieht immer alles sofort auf sich – daher die so unterschiedlichen Reaktionen auf ein und dieselbe Situation. So kann ein Löwe vom Fisch mehr innere Gelassenheit lernen, das ist gut für den Blutdruck, die Nerven und ein friedliches Zusammenleben. Der Fisch hingegen kann sich ein wenig mehr praktischen Realitätssinn erwerben, schließlich nützt die schönste Utopie nichts, wenn jemand gerade damit beschäftigt ist, einem die Geldbörse zu klauen.

In Partnerschaften ist bei dieser Verbindung die größte Herausforderung gegenseitige Toleranz, das gilt vor allen Dingen für den Löwen, denn Fische sind normalerweise die Toleranz in Person. Der Löwe braucht die Konfrontation, die direkte Auseinandersetzung, an der er sich reiben kann. Hier hat er beim Fisch keine Chance, dieser wird sich niemals auf einen offenen Streit einlassen, zum einen, weil dies nicht seine Art ist, zum anderen, weil er weiß, daß er so gegen den Löwen nur verlieren kann. So wird er dem Löwen in den meisten Fällen einfach recht geben und ihm kampflos das Terrain überlassen. Das Ergebnis ist für diesen verheerend: Er fühlt sich wie ein Boxer, dessen Gegner zu Beginn der ersten Runde ohnmächtig wird, bevor auch nur ein Schlag-

Herausfor-
derung

abtausch stattgefunden hat. So hat er zwar ge-
wonnen, doch der Sieg schmeckt schal und
kann nicht befriedigen.

Der Fisch hingegen setzt seine Interessen so
geschickt durch, daß der Löwe überhaupt
nicht bemerkt, daß eine Auseinandersetzung
stattgefunden hat. Unmerklich hat er sich die
Ansichten des Fische-Partners zu eigen gemacht und vertritt nun dessen Interessen voller Überzeugung als die seinen. Der letzte, der
gegen diese Situation etwas unternehmen
würde, ist natürlich der Fisch. Deshalb hat der
Löwe nicht ganz zu Unrecht das Gefühl, daß er
gegen den Fisch nicht ankommt. Er fühlt sich
dann schnell untergebuttert, ohne jedoch
genau sagen zu können, was das eigentliche
Problem ist. Doch zum Glück wissen Fische
ganz genau, daß für eine harmonische Partnerschaft beide Seiten zufrieden sein müssen,
keiner darf sich zu kurz gekommen fühlen.

Häufig liegt die Lösung, die Löwe-Fische-
Paare finden, darin, daß Freunden gegenüber
oder bei gemeinsamen gesellschaftlichen Unternehmungen der Löwe nach Herzenslust
dominieren darf. Dies schafft oft einen fairen
Ausgleich für seine merkwürdigen Unterlegen-
heitsgefühle im Privatleben.

Was sonst noch zum Löwen paßt

In diesem Kapitel sind Entsprechungen des
Löwe-Prinzips – sogenannte Analogien – zu-
sammengestellt. Darunter versteht man in
diesem Zusammenhang Ähnlichkeiten und
Verwandtschaften, die sich einem Tierkreiszeichen zuordnen lassen, ohne daß sie ursäch-

lich, also kausal, miteinander in Verbindung stehen.

Wie können diese Analogien praktisch genutzt werden? Wenn Sie selbst ein Löwe sind und die positiven Eigenschaften Ihres Tierkreiszeichens fördern und betonen wollen, können Sie unter den im folgenden aufgeführten Entsprechungen diejenigen aussuchen, die Ihnen besonders zusagen, und in Ihr Leben einbeziehen.

Entsprechungen

So können Sie zum Beispiel bevorzugt Kleidung in den Farben tragen, die Ihrem Tier-

Selbstfindung

![Zodiacus Circulus – mittelalterliche Tierkreisdarstellung mit Sonne und Mond in der Mitte]

Zodiacus · *Circulus* · *Zodiacus circ*

kreiszeichen entsprechen. Sie können das Essen mit Gewürzen abstimmen, in Ihrem Garten die Pflanzen setzen, an Orte in den Urlaub fahren, die Hobbys oder Berufe wählen, die zu Ihrem Tierkreiszeichen passen, und so weiter. Obwohl es sich hier nur um eine allgemeine Typologie handelt, werden Sie bald erstaunliche Wirkungen feststellen: Sie werden immer mehr Sie selbst und entwickeln ein genaueres Gespür dafür, was zu Ihnen paßt, was Ihnen guttut und was Sie eher meiden sollten. Ihre Gesundheit und Ihr seelisches Gleichgewicht werden davon profitieren.

Geschenke Wenn Sie einen Löwen kennen und schätzen, kann Ihnen diese Liste zum Beispiel bei der Suche nach einem passenden Geschenk helfen. Wenn Ihr Kind ein Löwe ist, können Sie Anregungen für den passenden Sportverein finden und so fort. Der kreativen Phantasie sind hier kaum Grenzen gesetzt.

Farben: Gold, Goldgelb, Orange.
Geruch: aromatisch, kräftig, intensiv, ausdrucksvoll.
Geschmack: herzhaft, kräftig, aromatisch.
Signatur (Form und Gestalt): strahlend und kraftvoll, prunkvoll, ausdrucksvoll, farbenprächtig, zentriert, kreisförmig, strahlenförmig.
Pflanzen allgemein: kräftig blühende Pflanzen, die sonnige Standorte lieben, leuchtende Farben.
Bäume, Sträucher: Palme, Lorbeer, Platane, Orangenbaum, Goldregen, Oleander.
Gemüse, Obst: Orange, Zitrone, Kokosnuß, Artischocke.
Blumen: Sonnenblume, Löwenzahn, Rose, Feuerlilie.

Gewürze: Lorbeerblätter, Curry, Gelbwurz, Safran.

Heilpflanzen: Kamille, Lorbeerbaum, Ölbaum, Quitte, Sonnenhut, Fingerhut, Ringelblume. *Heil-pflanzen*

Tiere: Beutegreifer, Tiere, die »Beute machen«, schwer domestizierbare Tiere, Löwe, Panther, Luchs, Dogge, Adler, Hahn, Katze, Goldfisch, Goldkäfer, Glühwürmchen.

Materialien: Gold, Edelmetalle, Brennbares, das Brennglas.

Mineralien, Metalle: Steine, die durch goldene Punkte das Sonnenlicht nachahmen oder zurückwerfen (Gold, Diamant, Heliotrop, Bernstein, Topas, Chrysolith, Tigerauge, Adlerstein, Sonnenauge, Regenbogenstein, Chrysopras, Rubin).

Landschaften: sonnige, warme bis heiße und trockene Landschaften, großzügige Raumaufteilung, eher flach mit weitem Blick, sonnige Hänge, freistehende, mächtige Bäume.

Berufe: alle Berufe, die es ermöglichen, die *Berufe* Dinge in die Hand zu nehmen, verantwortlich zu sein und das angeborene Organisationstalent einzusetzen; Berufe, die den schöpferischen Selbstausdruck ermöglichen; Führungspositionen, die Respekt und Anerkennung eintragen und die Unabhängigkeit und Einfluß garantieren; Repräsentationsberufe; Berufe, die ein Risiko beinhalten und Einfallsreichtum verlangen; leitende Positionen in der Wirtschaft (zum Beispiel Direktor, Unternehmer, Vorsitzender, Manager); künstlerisch-kreative Tätigkeiten (Regisseur, Schauspieler, Dirigent, Bühnenbildner; Dekorateur; Goldschmied, Juwelier).

Hobbys, Sportarten: Theater, Konzerte, Spiel- *Hobbys*

banken, Shows, Golf, Autorennen, der exklusive Tennisclub.

Verkehrsmittel: Sportwagen, Luxuslimousine, Rikscha, Sänfte.

Wohnstil: großzügig-weitläufige Räumlichkeiten, üppig, barocke Einrichtung und Dekoration, repräsentativ, farbenprächtig, pompös.

Wochentag: Sonntag, Tag der Sonne.

Gesellschaftsform: Monarchie, Kaisertum, Patriarchate, die Zentralregierung, die tributfordernde Regierung.

Entsprechungen auf der Ebene des menschlichen Körpers: Herz, Rücken, Wirbelsäule, Brustkorb, Augen (als Organ), Blutkreislauf, Sonnengeflecht, Sympathikus.

Krankheiten

Krankheiten allgemein: Herz-Kreislauf-Erkrankungen (hoher oder niedriger Blutdruck, Infarkt, Kreislaufstörungen), Wirbelsäulen- und Rückenmarkserkrankungen, Sonnenbrand, Sonnenallergie.

Zahlen: die 1 und die 4 sowie ihre Vielfachen.

Ein typisches Löwe-Märchen:
König Josef

Im ganzen Land galt König Josef als gerechter und warm-
herziger Mann, der für die Nöte seiner Untertanen immer
ein offenes Ohr hatte. Doch eines Tages wurde es ihm leid,
in seinem Schloß zu leben, umgeben von Höflingen und
Schmeichlern, und so wenig über das Leben seines Volkes
zu wissen. »Es ist Zeit, daß ich etwas dazulerne«, sagte er
zu sich. Er verkleidete sich als Pilger, nahm einen Wander-
stab und verließ den königlichen Hof, um sein Reich zu
erkunden.

Viele Leute traf er, die einen waren glücklich, andere
traurig, manche freundlich und entgegenkommend, andere
grob und unwirsch. Bei sich trug der König ein Buch, in das
er die Namen all derer eintrug, die seiner Hilfe bedurften.

Die Wanderung war anstrengend und ungewohnt. Eines
Abends, als er sehr müde und hungrig war, erreichte er ein
Dorf. Dort klopfte er an die Tür des ersten Hauses, das war
eine armselige Hütte, aus deren Schornstein Rauch aufstieg.
Die Tür ging auf, und ein alter Mann mit gebeugtem Rücken
schaute heraus.

»Wer seid Ihr, und was wünscht Ihr?« fragte der alte Mann.

»Ich wandere durch das Land und bin schon sehr lange
unterwegs«, entgegnete der König. »Nun bin ich hungrig
und müde. Ich wäre Euch dankbar, wenn ich mich ein Weilchen bei Euch ausruhen könnte.«

»Kommt nur herein«, meinte da der alte Mann. Er führte
den König in die Küche, in der seine Frau über dem Herd ge-
beugt stand.

»Frau, wir haben einen Gast«, sagte der alte Mann zu ihr.
»Wir können ihm doch ein bißchen Essen abgeben, nicht?«

Die alte Frau sah den König an und lächelte freundlich.
»Die Kartoffeln sind bald gar«, sagte sie. »Ich habe sie gut

gewürzt, sie werden Euch wohl schmecken. Fleisch kann ich Euch leider keines anbieten, denn wir machen harte Zeiten durch.«

»Ja«, sagte der alte Mann, »sehr harte Zeiten. Ich verdiene kaum etwas mit dem Schuheflicken, und meine Frau bekommt auch nur ein paar Pfennige, wenn sie Kartoffeln verkauft. Nun werden wir auch alt und können nicht mehr soviel arbeiten wie früher.«

Den guten König Josef dauerten die beiden alten Leutchen, und er fragte: »Habt Ihr denn keine Kinder, die Euch helfen könnten?«

»O ja«, seufzte da der alte Mann. »Wir haben drei Söhne, die uns lieb und teuer sind. Doch der König, Gott segne ihn, hat sie in seine königliche Armee berufen. Wir haben sie schon seit langer Zeit nicht mehr gesehen.«

»Bekommt Ihr denn nicht wenigstens manchmal einen Brief?« fragte der König.

»Nein, denn wenn sie uns einen Brief schicken würden, so könnten wir ihn ja gar nicht lesen. Sie sind brave Jungen, alle drei, und wir vermissen sie sehr. Aber wir dürfen uns nicht beklagen, wenn der König sie doch braucht.«

»Das Essen ist fertig«, sagte die alte Frau. »Setzt Euch, und laßt es Euch schmecken, so gut es geht.«

Sie setzten sich an den Tisch und aßen. König Josef war sehr hungrig, die Kartoffeln mundeten ihm ausgezeichnet.

»Mir scheint, ich habe nie etwas Besseres gegessen«, sagte er zu der alten Frau. Als er fertig war, dankte er den beiden herzlich und wollte sich auf den Weg machen.

»Ihr könnt doch nicht zu dieser späten Stunde in die dunkle Nacht hinaus!« meinte der alte Mann. »Wir haben noch zwei Decken übrig. Wollt Ihr Euch nicht vor das Feuer legen und bis morgen früh bei uns bleiben?«

Also legte sich der König auf die eine geflickte Decke und deckte sich mit der anderen zu. Er schlief sogleich ein, und als er am nächsten Morgen erwachte, waren die beiden alten Leute schon sehr fleißig. Der alte Mann brachte Holz für das Feuer herein, und seine Frau deckte den Tisch. Es gab Brot, Haferflocken, ein wenig Milch und wieder Kartoffeln.

»Das war ein wunderbares Frühstück!« sagte der König. »Sagt mir doch Eure Namen, damit ich mich dankbar an Euch erinnern kann.«

»Mein Name ist Michael Breda«, sagte der alte Mann.

»Und wie heißen Eure Söhne?«

»Wensel, Karl und Martin.«

Der König nahm sein Buch heraus und schrieb die Namen auf. Die alte Frau sah ihm zu und meinte: »Das sieht ja ganz hübsch aus, was Ihr da schreibt, auch wenn ich es nicht lesen kann. Doch was nützen Namen, wenn die Menschen, denen sie gehören, weit weg sind?«

»Nun, vielleicht kommen sie ja eines Tages wieder zu Euch zurück«, erwiderte der König.

»Bis dahin liegen wir wohl schon im Grab«, sagte die alte Frau traurig.

»Nehmt Ihr es dem König übel, daß er Eure Söhne in die Armee geholt hat?«

»O nein!« antworteten beide alten Leute, und die Frau sagte: »Gott segne den König, es heißt, daß er ein guter Mensch ist. Er weiß doch nichts von unserem Kummer.«

»Eigentlich sollte er davon wissen, das wäre richtig«, sagte König Josef und verabschiedete sich von ihnen. Er wanderte noch ein paar Tage und kehrte dann in sein Schloß zurück. Als erstes ließ er Wensel Breda rufen, den ältesten Sohn.

Wensel erschrak furchtbar, als er hörte, daß der König ihn sprechen wollte. »Was habe ich nur Unrechtes getan?« fragte er sich. Doch er war sich keiner Schuld bewußt, und so sprach er sich Mut zu und ging aufrecht und mit stolzem Herzen zum König.

Der König sah ihn freundlich an und fragte, woher er stamme. Erstaunt erzählte Wensel von seinem Zuhause. »Leben deine Eltern noch?« fragte darauf König Josef.

»Ich weiß es nicht, Majestät. Als ich aufbrach, waren sie schon sehr alt, und ich habe sie seitdem nicht mehr gesehen«, erwiderte der junge Mann.

»Schreibst du ihnen nicht manchmal?«

»Nein, Majestät, denn sie können nicht lesen, und so wäre ein Brief nutzlos.«

»Würdest du sie denn gern wiedersehen?«

»O ja, so gern, Majestät. Doch das ist unmöglich, mein Dienst erlaubt es nicht.«

»Es ist gar nicht so unmöglich«, antwortete König Josef und lächelte. Wensel staunte nicht schlecht, als ihn der König aus seinen Diensten entließ. Er kehrte nach Hause zurück und fand seine Eltern wohlbehalten vor. »Väterchen, Mütterchen, der König hat mich aus der Armee entlassen. Nun kann ich für euch sorgen.« Das war eine Freude! Sie umarmten sich und konnten ihr Glück gar nicht fassen.

Am nächsten Tag ließ der König den zweiten Sohn der alten Leute, Karl, rufen. Auch ihn entließ er, und Karl kehrte zu seinen Eltern heim, die Freudentränen weinten.

Schließlich rief König Josef noch den dritten Sohn, Martin. »Deine beiden Brüder sind aus der Armee entlassen und nach Hause zurückgekehrt. Möchtest du ihnen folgen?«

Das wollte Martin nur zu gern, doch diesesmal ließ der König ein Säckchen bringen, das gab er dem jungen Mann. »In diesem Beutel sind hundert Goldstücke. Sage deinen Eltern, sie sind der Dank für ein wunderbares Abendessen, ein warmes Nachtlager und ein köstliches Frühstück.«

Verwundert nahm Martin das Gold an sich und machte sich auf den Heimweg. Als er seinen Eltern die Nachricht des Königs überbrachte, waren beide ganz betroffen. Seine Mutter begann zu weinen. »Wir hatten doch nur Kartoffeln und ein wenig Haferflocken! Geschlafen hat er auf dem Boden vor dem Feuer, und dabei war es der König!«

»Nun«, sagte der alte Mann, »er hat die Kartoffeln mit Appetit gegessen, und er hat ihren guten Geschmack gelobt. Hat er nicht sogar gesagt, daß es das beste Essen war, das er je bekommen hat?«

»Das hat er gesagt, fürwahr«, sprach darauf die alte Frau. Sie nahm einen Korb und füllte ihn bis oben hin mit Kartoffeln. Dann machte sie sich mit dem Korb auf den Weg zum Schloß und verlangte den König zu sprechen. Die Wachen wollten sie nicht zum König lassen, doch sie bestand fest auf ihrem Wunsch und ließ dem König ausrichten, Marta Breda sei hier.

Als der König vernahm, wer vor seiner Tür wartete, ließ er sie sofort zu sich kommen. Die alte Frau warf sich vor ihm auf die Knie und dankte ihm von Herzen für seine Güte.

»Ich habe Euch ein paar Kartoffeln mitgebracht«, sagte sie. »Ihr habt mich zur glücklichsten Frau auf der Welt gemacht, und Ihr sagtet doch, die Kartoffeln seien das Beste, was Ihr je gegessen habt. Gott segne Euch! Ich bete, daß es Euch immer gut ergehen möge!«

König Josef war so gerührt, daß es ihm nach Lachen und Weinen gleichzeitig zumute war. Ein Diener brachte Wein, und er trank mit Marta Breda auf ihre und seine Gesundheit. Dann gab er ihr ein weiteres Säckchen mit hundert Goldstücken.

»Diese Goldstücke sind kein Lohn für Eure Kartoffeln, denn sie sind unbezahlbar. Sie sollen Euch an mich erinnern.«

»Wie könnte ich Euch jemals vergessen!« rief Marta Breda aus. »Habt Ihr mich nicht zur glücklichsten alten Frau auf dieser Welt gemacht?«

Sie kehrte nach Hause zurück, und es dauerte nicht lange, bis jeder im Umkreis wußte, daß bei den Bredas die Not ein Ende hatte und daß sie dies dem König verdankten.

Der Bürgermeister nun war ein ungehobelter, habgieriger Kerl. »Wenn der König schon für ein paar ärmliche Kartoffeln soviel Gold herausrückt, wieviel mehr würde er dann wohl für ein wirklich schönes Geschenk geben?« dachte er und grübelte, was er dem König schenken könne.

Schließlich entschied er sich für zwei Zuchtfohlen, die er besaß, und machte sich auf den Weg zum Hof.

Der König sprach aber gerade mit seinen Ministern, und anstatt den Bürgermeister zu empfangen, ließ er ihm eine verschlossene Truhe und einen Brief übergeben. In dem Brief stand, daß der Inhalt der Truhe ihn sehr viel gekostet habe, nämlich drei gute Soldaten und zweihundert Goldstücke. Der Bürgermeister eilte mit der Truhe zurück. Er ließ sie vom Schmied aufbrechen – vorsichtig, ganz vorsichtig! –, denn, so sagte er, der Inhalt sei außerordentlich wertvoll.

Und so war es, der Inhalt war höchst wertvoll! Als er die Truhe öffnete, was sah er darinnen? Die Kartoffeln, die Marta Breda dem König geschenkt hatte, sonst nichts.

Aus: Ruth Manning-Sanders: *Märchen und Sagen aus aller Welt.* Rastatt 1980. Nacherzählung des tschechoslowakischen Märchens *König Josef.* Das Märchen ist umgeschrieben.

König Josef ist ein wahrer König. Sein Amt erschöpft sich
für ihn nicht in Pomp, Macht und Wohlleben. Er verfügt
über all die positiven Eigenschaften des Löwe-Prinzips:
echte Autorität, Herzensgüte und Verantwortungsgefühl.
Aufrichtig bewegt ihn das Schicksal seines Volkes, und er
beschließt, mehr über das Leben der einfachen Leute zu erfahren, anstatt sich ihre Nöte aus angenehmer Entfernung
anzusehen. In sein Buch trägt er die Namen all jener ein, die
nach seiner Meinung seiner Hilfe bedürfen.

Es ist nicht unter seiner Würde, ein einfaches Essen köst-
lich zu finden, und auch ein schlichtes Nachtlager ist ihm
recht. Zurückgekehrt von seiner Wanderung, nutzt er seine
Macht, um den beiden alten Leuten ihren größten Wunsch
zu erfüllen, denn das Leben der Menschen und ihr Glück
liegen ihm mehr am Herzen als die »Staatsräson«.

Zugleich ist er klug und weist den habgierigen Bürgermeister freundlich in seine Schranken. Als Dank für dessen
Geschenk läßt er ihm die Kartoffeln übergeben, die für ihn
selbst so wertvoll waren. Sicher war ihm bewußt, daß nicht
alle Menschen diesen Kartoffeln den gleichen Wert beimes-
sen würden!

Anhang

Von wann bis wann ist man ein Löwe?

Beginn des Löwe-Zeichens

23.07.1920 um 05:35; 23.07.1921 um 11:30;
23.07.1922 um 17:20; 23.07.1923 um 23:00;
23.07.1924 um 04:58; 23.07.1925 um 10:45;
23.07.1926 um 16:25; 23.07.1927 um 22:17;
23.07.1928 um 04:02; 23.07.1929 um 09:53;
23.07.1930 um 15:42; 23.07.1931 um 21:21;
23.07.1932 um 03:18; 23.07.1933 um 09:05;
23.07.1934 um 14:42; 23.07.1935 um 20:33;
23.07.1936 um 02:18; 23.07.1937 um 08:07;
23.07.1938 um 13:57; 23.07.1939 um 19:37;
23.07.1940 um 01:34; 23.07.1941 um 07:26;
23.07.1942 um 13:07; 23.07.1943 um 19:04;
23.07.1944 um 00:56; 23.07.1945 um 06:45;
23.07.1946 um 12:37; 23.07.1947 um 18:14;
23.07.1948 um 00:08; 23.07.1949 um 05:57;
23.07.1950 um 11:30; 23.07.1951 um 17:21;
22.07.1952 um 23:08; 23.07.1953 um 04:52;
23.07.1954 um 10:45; 23.07.1955 um 16:25;
22.07.1956 um 22:20; 23.07.1957 um 04:15;
23.07.1958 um 09:51; 23.07.1959 um 15:46:
22.07.1960 um 21:38; 23.07.1961 um 03:24;
23.07.1962 um 09:18; 23.07.1963 um 14:59;
22.07.1964 um 20:53; 23.07.1965 um 02:48;
23.07.1966 um 08:23; 23.07.1967 um 14:16;
22.07.1968 um 20:07; 23.07.1969 um 01:48;
23.07.1970 um 07:37; 23.07.1971 um 13:15;
22.07.1972 um 19:03; 23.07.1973 um 00:56;
23.07.1974 um 06:30; 23.07.1975 um 12:22;
22.07.1976 um 18:19; 23.07.1977 um 00:04;

23.07.1978 um 06:00; 23.07.1979 um 11:49;
22.07.1980 um 17:42; 22.07.1981 um 23:40;
23.07.1982 um 05:16; 23.07.1983 um 11:04;
22.07.1984 um 16:58; 22.07.1985 um 22:37;
23.07.1986 um 04:25; 23.07.1987 um 10:06;
22.07.1988 um 15:51; 22.07.1989 um 21:46;
23.07.1990 um 03:22; 23.07.1991 um 09:11;
22.07.1992 um 15:09; 22.07.1993 um 20:51;
23.07.1994 um 02:41; 23.07.1995 um 08:30;
22.07.1996 um 14:19; 22.07.1997 um 20:16;
23.07.1998 um 01:56; 23.07.1999 um 07:44;
22.07.2000 um 13:43; 22.07.2001 um 19:27;
23.07.2002 um 01:15; 23.07.2003 um 07:04;
22.07.2004 um 12:50; 22.07.2005 um 18:41;
23.07.2006 um 00:18; 23.07.2007 um 06:00;
22.07.2008 um 11:55; 22.07.2009 um 17:36;
22.07.2010 um 23:21; 23.07.2011 um 05:12.
Alle Zeitangaben in mitteleuropäischer Zeit.

Ende des Löwe-Zeichens

23.08.1920 um 12:21; 23.08.1921 um 18:15;
24.08.1922 um 00:04; 24.08.1923 um 05:52;
23.08.1924 um 11:48; 23.08.1925 um 17:33;
23.08.1926 um 23:14; 24.08.1927 um 05:06;
23.08.1928 um 10:53; 23.08.1929 um 16:41;
23.08.1930 um 22:26; 24.08.1931 um 04:10;
23.08.1932 um 10:06; 23.08.1933 um 15:52;
23.08.1934 um 21:32; 24.08.1935 um 03:24;
23.08.1936 um 09:11; 23.08.1937 um 14:58;
23.08.1938 um 20:46; 24.08.1939 um 02:31;
23.08.1940 um 08:29; 23.08.1941 um 14:17;
23.08.1942 um 19:58; 24.08.1943 um 01:55;
23.08.1944 um 07:47; 23.08.1945 um 13:35;
23.08.1946 um 19:26; 24.08.1947 um 01:09;
23.08.1948 um 07:03; 23.08.1949 um 12:48;
23.08.1950 um 18:23; 24.08.1951 um 00:16;

23.08.1952 um 06:03; 23.08.1953 um 11:45;
23.08.1954 um 17:36; 23.08.1955 um 23:19;
23.08.1956 um 05:15; 23.08.1957 um 11:08;
23.08.1958 um 16:46; 23.08.1959 um 22:44;
23.08.1960 um 04:34; 23.08.1961 um 10:19;
23.08.1962 um 16:13; 23.08.1963 um 21:58;
23.08.1964 um 03:51; 23.08.1965 um 09:43;
23.08.1966 um 15:18; 23.08.1967 um 21:13;
23.08.1968 um 03:03; 23.08.1969 um 08:44;
23.08.1970 um 14:34; 23.08.1971 um 20:15;
23.08.1972 um 02:03; 23.08.1973 um 07:54;
23.08.1974 um 13:29; 23.08.1975 um 19:24;
23.08.1976 um 01:18; 23.08.1977 um 07:00;
23.08.1978 um 12:57; 23.08.1979 um 18:47;
23.08.1980 um 00:41; 23.08.1981 um 06:38;
23.08.1982 um 12:15; 23.08.1983 um 18:08;
23.08.1984 um 00:00; 23.08.1985 um 05:36;
23.08.1986 um 11:26; 23.08.1987 um 17:10;
22.08.1988 um 22:54; 23.08.1989 um 04:46;
23.08.1990 um 10:21; 23.08.1991 um 16:13;
22.08.1992 um 22:10; 23.08.1993 um 03:50;
23.08.1994 um 09:44; 23.08.1995 um 15:35;
22.08.1996 um 21:23; 23.08.1997 um 03:19;
23.08.1998 um 08:59; 23.08.1999 um 14:51;
22.08.2000 um 20:49; 23.08.2001 um 02:27;
23.08.2002 um 08:17; 23.08.2003 um 14:08;
22.08.2004 um 19:53; 23.08.2005 um 01:46;
23.08.2006 um 07:23; 23.08.2007 um 13:08;
22.08.2008 um 19:02; 23.08.2009 um 00:39;
23.08.2010 um 06:27; 23.08.2011 um 12:21.
Alle Zeitangaben in mitteleuropäischer Zeit.

Lesebeispiel:

»22.07.2008 um 11:55«. Das heißt, am 22.07.
2008 tritt die Sonne um 11:55 Uhr in das Tierkreiszeichen Löwe. Wer nach 11:55 Uhr gebo-

ren wird, ist also bereits ein Löwe. Menschen, die vor dieser Zeit zur Welt kommen, gehören noch zum Sternzeichen Krebs.

Die Bestimmung des Mondzeichens

Die einfache Anwendung der Mond-Tabelle

1. Suchen Sie zuerst die Spalte mit Ihrem *Geburtstag*.
2. Suchen Sie die Zeile, in der sich das *Geburtsjahr* befindet.
3. Lesen Sie das Mondzeichen ab.
4. Steht hinter der gesuchten Jahreszahl in Klammern eine Uhrzeit, kann sich der Mond statt im angegebenen Zeichen auch im vorhergehenden befinden. Also statt im Widder auch in den Fischen, statt im Stier auch im Widder und so weiter.
5. Lesen Sie die Texte zu beiden Mondzeichen, um herauszufinden, welches besser auf Sie zutrifft.

Genaue Bestimmung des Mondzeichens

1. Suchen Sie zuerst die Spalte, in der Ihr Geburtstag steht.
2. Wählen Sie die Zeile, in welcher der Jahrgang steht.
3. Ist Ihr Jahrgang nicht dabei, versuchen Sie Ihr Glück in der folgenden Spalte Ihres Geburtsdatums.
4. Da der Mond auch innerhalb eines Tages das Tierkreiszeichen wechseln kann, steht hinter manchen Jahreszahlen in Klammern eine Uhrzeit. Diese gibt in mitteleuropäischer Zeit an, um wieviel Uhr der Mond in

das am Ende der Zeile angegebene Zeichen wechselt. Wurden Sie vor der betreffenden Uhrzeit geboren, steht Ihr Mond nicht im aufgeführten Tierkreiszeichen, sondern in dem vorhergehenden. Wenn Sie die Symbole der Tierkreiszeichen nicht kennen, schauen Sie einfach auf Seite 15 nach.

5. Falls Sie an einem Tag geboren wurden, an dem der Mond das Tierkreiszeichen wechselt und Ihre Geburtszeit weniger als eine Stunde von der Uhrzeit des Zeichenwechsels abweicht, sollten Sie in der Tabelle »Sommerzeiten« nachschauen, ob an Ihrem Geburtstag Sommerzeit war. Bei »normaler« Sommerzeit müssen Sie eine Stunde von Ihrer Geburtszeit abziehen, um die MEZ (mitteleuropäische Zeit) zu erhalten. Bei doppelter Sommerzeit, die es nur 1945 gab, müssen zwei Stunden abgezogen werden, ebenso bei der Hochsommerzeit 1947.

6. Wenn Sie Ihre Geburtszeit nicht kennen, lesen Sie entweder unter beiden Mondzeichen nach und versuchen herauszufinden, welcher Text besser auf Sie zutrifft, oder Sie wenden sich schriftlich (mit frankiertem Rückumschlag) an das Standesamt Ihres Geburtsorts. Hier bekommen Sie in aller Regel umgehend Ihre genaue Geburtszeit mitgeteilt.

Falls Ihnen das alles zu kompliziert vorkommt: Es ist sehr viel leichter, als es im ersten Moment scheint. Zur Veranschaulichung ein paar praktische Beispiele.

Nehmen wir an, wir wollen wissen, welches Mondzeichen ein Mensch hat, der am 23.07.1963 geboren wurde.

Suchen Sie das fettgedruckte Datum 23.07. Gehen Sie in dieser Rubrik nach unten zu dem Jahrgang 1963. In derselben Zeile finden Sie das Symbol für das Tierkreiszeichen Jungfrau. Die Uhrzeit (08:06 Uhr) bedeutet, daß um diese Zeit der Mond in das Tierkreiszeichen Jungfrau wechselte. Wer vor dieser Uhrzeit geboren wurde, hatte also noch einen Löwemond.

Sommerzeiten

14.03.1921 23 h – 26.10.21 0 h MEZ franz. Zone
25.03.1922 23 h – 08.10.22 0 h MEZ franz. Zone
26.05.1923 23 h – 07.10.23 0 h MEZ franz. Zone
29.03.1924 23 h – 05.10.24 0 h MEZ franz. Zone
04.04.1925 23 h – 04.10.25 0 h MEZ franz. Zone
17.04.1926 23 h – 03.10.26 0 h MEZ franz. Zone
09.04.1927 23 h MEZ statt GMT franz. Zone
01.04.1940 2 h – 02.11.42 3 h MES*
01.01.1941 0 h – 02.11.42 3 h MES
01.01.1942 2 h – 02.11.42 3 h MES
29.03.1943 2 h – 04.10.43 3 h MES
03.04.1944 2 h – 02.10.44 3 h MES
02.04.1945 2 h – 16.09.45 2 h MES
(1945: doppelte Sommerzeit vom 24.05. bis 24.09., im sowjetisch besetzten Teil Deutschlands einschließlich West-Berlins bis 18.11. Sommerzeit)
14.04.1946 2 h – 07.10.46 3 h MES
06.04.1947 3 h – 11.05.47 3 h MES
11.05.1947 3 h – 29.06.47 3 h MES + 1
(1947: Vorstellung gegen MEZ: 2 Stunden [Hochsommerzeit])
29.06.1947 3 h – 05.10.47 3 h MES
18.04.1948 2 h – 03.10.48 3 h MES
10.04.1949 2 h – 02.10.49 3 h MES
06.04.1980 2 h – 28.09.80 3 h MES

29.03.1981 2 h – 27.09.81 3 h MES
28.03.1982 2 h – 26.09.82 3 h MES
27.03.1983 2 h – 25.09.83 3 h MES
25.03.1984 2 h – 30.09.84 3 h MES
31.03.1985 2 h – 29.09.85 3 h MES
30.03.1986 2 h – 28.09.86 3 h MES
29.03.1987 2 h – 27.09.87 3 h MES
27.03.1988 2 h – 25.09.88 3 h MES
26.03.1989 2 h – 24.09.89 3 h MES
25.03.1990 2 h – 30.09.90 3 h MES
31.03.1991 2 h – 29.09.91 3 h MES
29.03.1992 2 h – 27.09.92 3 h MES
28.03.1993 2 h – 26.09.93 3 h MES
27.03.1994 2 h – 25.09.94 3 h MES
26.03.1995 2 h – 24.09.95 3 h MES
31.03.1996 2 h – 27.10.96 3 h MES
30.03.1997 2 h – 26.10.97 3 h MES
29.03.1998 2 h – 25.10.98 3 h MES
28.03.1999 2 h – 31.10.99 3 h MES**
26.03.2000 2 h – 29.10.00 3 h MES**
25.03.2001 2 h – 28.10.01 3 h MES**

---

* 1940 bis 1942 durchgehend
** voraussichtlich (Stand 1998)

GMT = Greenwich mean time (Greenwich-Zeit)
MES = mitteleuropäische Sommerzeit
MEZ = mitteleuropäische Zeit

Geburtsdatum/ Mondzeichen	Geburtsdatum/ Mondzeichen	Geburtsdatum/ Mondzeichen	Geburtsdatum/ Mondzeichen
22.07.	1951 (08:21) ♈	2008 (09:22) ♈	1973 ♉
1952 (02:20) ♌	1952 ♌	2009 ♌	1974 ♎
1956 (22:28) ♒	1953 ♐	2010 (09:39) ♑	1975 ♒
1960 ♋	1954 (01:52) ♉	**24.07.**	1976 (12:39) ♋
1964 (01:27) ♑	1955 ♍	1920 ♏	1977 ♏
1968 (21:31) ♑	1956 ♒	1921 ♓	1978 (10:46) ♈
1972 ♐	1957 ♊	1922 (12:26) ♌	1979 (01:30) ♌
1976 (02:40) ♊	1958 (14:57) ♏	1923 ♐	1980 ♐
1980 (22:42) ♐	1959 ♓	1924 ♉	1981 (08:18) ♉
1981 (04:43) ♈	1960 (17:46) ♌	1925 ♍	1982 ♍
1984 ♉	1961 (10:42) ♐	1926 ♑	1983 (21:26) ♒
1985 (18:10) ♎	1962 ♈	1927 ♊	1984 ♊
1988 (04:13) ♏	1963 (08:06) ♍	1928 (12:47) ♏	1985 (21:16) ♏
1989 ♓	1964 ♑	1929 (10:39) ♓	1986 ♓
1992 (22:36) ♉	1965 ♉	1930 ♋	1987 ♋
1993 ♍	1966 ♎	1931 (13:19) ♐	1988 (12:42) ♐
1996 ♎	1967 ♒	1932 ♈	1989 ♈
1997 (09:00) ♓	1968 ♋	1933 ♌	1990 (09:17) ♍
2000 (01:09) ♈	1969 ♍	1934 (09:03) ♑	1991 ♑
2001 (23:29) ♍	1970 (04:42) ♈	1935 ♉	1992 ♉
2004 (17:39) ♎	1971 ♌	1936 ♎	1993 ♎
2005 ♒	1972 (17:10) ♑	1937 ♒	1994 ♒
2008 ♓	1973 (04:41) ♉	1938 (23:55) ♏	1995 (20:16) ♋
2009 (04:27) ♌	1974 (19:19) ♊	1939 ♏	1996 ♏
2010 ♐	1975 (06:56) ♒	1940 (15:01) ♈	1997 (10:03) ♈
23.07.	1976 ♊	1941 (06:48) ♌	1998 ♌
1920 ♏	1977 (19:13) ♏	1942 ♐	1999 ♐
1921 ♓	1978 ♓	1943 (04:53) ♉	2000 (08:44) ♉
1922 ♋	1979 ♋	1944 ♍	2001 ♍
1923 (09:43) ♐	1980 ♐	1945 ♑	2002 (07:40) ♒
1924 (16:36) ♉	1981 ♈	1946 (02:18) ♊	2003 (00:42) ♊
1925 (16:17) ♍	1982 (00:20) ♍	1947 (21:41) ♏	2004 ♎
1926 (02:28) ♑	1983 ♑	1948 ♓	2005 ♓
1927 (22:46) ♊	1984 (18:10) ♊	1949 ♋	2006 ♋
1928 ♎	1985 ♎	1950 (15:55) ♐	2007 (21:29) ♐
1929 ♒	1986 (15:59) ♓	1951 ♈	2008 ♈
1930 (18:22) ♋	1987 (04:13) ♋	1952 (15:25) ♍	2009 (04:22) ♍
1931 ♏	1988 ♏	1953 (05:07) ♑	2010 ♑
1932 ♈	1989 (07:41) ♈	1954 ♉	**25.07.**
1933 ♌	1990 ♌	1955 (02:16) ♎	1920 (08:31) ♐
1934 ♐	1991 (23:55) ♑	1956 ♒	1921 (08:42) ♈
1935 ♉	1992 ♉	1957 (22:05) ♋	1922 ♌
1936 (18:30) ♎	1993 (20:39) ♎	1958 ♏	1923 (12:32) ♑
1937 (13:20) ♒	1994 ♒	1959 (20:53) ♈	1924 ♉
1938 ♊	1995 ♊	1960 ♌	1925 ♍
1939 (13:04) ♏	1996 (16:43) ♏	1961 ♐	1926 (03:48) ♒
1940 ♓	1997 ♓	1962 (03:57) ♉	1927 ♊
1941 ♋	1998 (13:48) ♌	1963 ♍	1928 ♏
1942 (12:58) ♐	1999 (03:48) ♐	1964 (13:30) ♒	1929 ♓
1943 ♈	2000 ♈	1965 (02:48) ♊	1930 (18:19) ♌
1944 ♍	2001 ♍	1966 (17:32) ♏	1931 ♐
1945 ♑	2002 ♑	1967 (02:28) ♓	1932 (09:54) ♉
1946 ♉	2003 ♉	1968 ♋	1933 (04:35) ♍
1947 ♎	2004 ♎	1969 (18:10) ♐	1934 ♑
1948 (19:13) ♓	2005 (13:11) ♓	1970 ♈	1935 (03:42) ♊
1949 (11:52) ♋	2006 ♋	1971 (22:09) ♍	1936 ♎
1950 ♏	2007 ♏	1972 ♑	1937 (21:21) ♓

Geburtsdatum/ Mondzeichen		Geburtsdatum/ Mondzeichen		Geburtsdatum/ Mondzeichen		Geburtsdatum/ Mondzeichen	
1938	♋	1995	♋	1960 (05:31)	♍	1925	♎
1939 (20:10)	♐	1996 (22:24)	♐	1961	♑	1926 (03:46)	♓
1940	♈	1997	♈	1962 (07:57)	♊	1927	♋
1941	♌	1998 (21:34)	♍	1963	♎	1928 (01:34)	♐
1942 (13:38)	♑	1999 (16:08)	♑	1964 (23:36)	♓	1929	♈
1943	♉	2000	♉	1965 (04:53)	♋	1930 (17:34)	♍
1944 (12:08)	♎	2001 (00:08)	♎	1966 (23:05)	♐	1931	♑
1945 (00:16)	♒	2002	♒	1967 (13:00)	♈	1932 (22:26)	♊
1946	♊	2003	♊	1968	♌	1933 (12:44)	♎
1947	♏	2004 (00:08)	♏	1969 (19:09)	♑	1934	♒
1948	♓	2005 (14:22)	♈	1970	♉	1935 (11:43)	♏
1949 (16:19)	♌	2006 (01:24)	♌	1971	♍	1936	♓
1950	♐	2007	♐	1972 (02:07)	♒	1937	♓
1951 (16:07)	♉	2008 (14:14)	♉	1973	♊	1938	♌
1952	♍	2009	♍	1974	♏	1939	♐
1953	♑	2010 (20:38)	♒	1975	♓	1940 (03:56)	♉
1954 (04:30)	♊	**26.07.**		1976 (19:19)	♌	1941	♍
1955	♎	1920	♐	1977	♐	1942 (13:37)	♒
1956 (10:50)	♓	1921	♈	1978 (16:50)	♉	1943	♊
1957	♋	1922 (13:21)	♍	1979 (14:01)	♍	1944	♎
1958 (18:25)	♐	1923	♑	1980	♑	1945 (04:27)	♓
1959	♈	1924 (04:36)	♉	1981 (10:42)	♊	1946	♐
1960	♌	1925 (03:30)	♎	1982	♎	1947 (07:40)	♐
1961 (13:29)	♑	1926	♒	1983	♒	1948	♈
1962	♉	1927 (03:31)	♋	1984 (00:44)	♏	1949 (18:36)	♍
1963 (17:02)	♎	1928	♏	1985	♏	1950	♑
1964	♒	1929 (20:13)	♐	1986	♈	1951	♉
1965	♊	1930	♌	1987	♈	1952 (03:54)	♒
1966	♏	1931 (19:22)	♑	1988 (17:07)	♑	1953	♒
1967	♓	1932	♉	1989	♉	1954 (07:41)	♋
1968 (07:55)	♌	1933	♍	1990 (16:18)	♎	1955	♏
1969	♐	1934 (08:43)	♒	1991 (12:49)	♒	1956 (21:54)	♈
1970 (08:18)	♉	1935	♓	1992	♊	1957	♐
1971	♍	1936 (06:54)	♏	1993	♏	1958 (22:53)	♑
1972	♑	1937	♓	1994	♓	1959 (07:43)	♉
1973 (07:58)	♊	1938 (23:26)	♌	1995	♋	1960	♍
1974 (23:45)	♏	1939	♐	1996	♐	1961 (13:41)	♒
1975 (17:58)	♓	1940	♈	1997 (12:53)	♉	1962	♊
1976	♋	1941 (13:03)	♍	1998	♍	1963	♎
1977 (22:04)	♐	1942	♑	1999	♑	1964	♓
1978	♈	1943 (13:04)	♎	2000 (13:01)	♊	1965	♐
1979	♌	1944	♎	2001	♎	1966	♑
1980 (06:45)	♑	1945	♒	2002 (17:04)	♓	1967	♈
1981	♉	1946 (03:44)	♋	2003 (12:23)	♋	1968 (16:10)	♍
1982 (03:45)	♎	1947	♏	2004	♏	1969	♑
1983	♒	1948 (07:57)	♈	2005	♈	1970 (14:53)	♊
1984	♊	1949	♉	2006	♌	1971 (10:12)	♎
1985	♏	1950 (17:39)	♑	2007	♐	1972	♒
1986 (21:02)	♈	1951	♉	2008	♉	1973 (09:10)	♋
1987 (16:50)	♌	1952	♍	2009 (06:25)	♑	1974	♏
1988	♐	1953 (08:03)	♒	2010	♒	1975	♓
1989 (10:10)	♉	1954	♊	**27.07.**		1976	♌
1990	♍	1955 (11:19)	♏	1920 (21:22)	♑	1977 (23:15)	♐
1991	♑	1956	♓	1921 (18:58)	♉	1978	♉
1992 (05:44)	♉	1957 (23:16)	♌	1922	♍	1979	♍
1993 (23:00)	♏	1958	♊	1923 (16:42)	♒	1980 (11:35)	♒
1994 (02:56)	♓	1959	♈	1924	♊	1981	♊

Geburtsdatum/Mondzeichen	Geburtsdatum/Mondzeichen	Geburtsdatum/Mondzeichen	Geburtsdatum/Mondzeichen
1982 (10:58) ♏	1947 ♐	2004 ♐	1969 ♒
1983 (10:11) ♓	1948 (19:34) ♉	2005 ♉	1970 ♊
1984 ♋	1949 ♍	2006 ♍	1971 (22:50) ♏
1985 (00:12) ♐	1950 (19:55) ♒	2007 ♑	1972 ♓
1986 ♈	1951 (03:08) ♊	2008 ♊	1973 (09:29) ♌
1987 ♌	1952 ♎	2009 (11:56) ♏	1974 ♐
1988 ♑	1953 (09:07) ♓	2010 (09:00) ♓	1975 ♈
1989 (13:15) ♊	1954 ♋	**29.07.**	1976 ♍
1990 ♎	1955 (23:24) ♐	1920 ♑	1977 ♑
1991 ♒	1956 ♈	1921 ♉	1978 (02:31) ♊
1992 (09:08) ♎	1957 (22:59) ♍	1922 ♉	1979 (03:06) ♎
1993 ♏	1958 ♑	1923 (23:23) ♓	1980 (14:11) ♓
1994 (11:31) ♈	1959 ♉	1924 ♋	1981 ♐
1995 (08:07) ♌	1960 (15:33) ♊	1925 ♏	1982 (21:48) ♐
1996 ♐	1961 ♒	1926 (04:13) ♈	1983 (22:21) ♈
1997 ♉	1962 (14:00) ♋	1927 ♌	1984 ♌
1998 ♍	1963 (04:38) ♏	1928 (13:47) ♑	1985 (03:21) ♉
1999 ♑	1964 ♓	1929 (03:25) ♉	1986 ♉
2000 ♊	1965 (04:37) ♌	1930 (18:18) ♊	1987 ♍
2001 (03:17) ♏	1966 ♐	1931 (03:24) ♒	1988 ♒
2002 ♓	1967 ♈	1932 ♊	1989 (17:32) ♋
2003 ♐	1968 ♍	1933 (18:21) ♏	1990 (02:39) ♏
2004 (03:48) ♐	1969 (18:35) ♒	1934 ♓	1991 (00:35) ♓
2005 (18:54) ♉	1970 ♊	1935 (22:04) ♌	1992 (09:39) ♌
2006 (12:36) ♍	1971 ♎	1936 ♐	1993 ♐
2007 (07:21) ♑	1972 (08:29) ♓	1937 ♈	1994 (23:13) ♉
2008 (16:55) ♊	1973 ♋	1938 ♍	1995 (18:12) ♍
2009 ♎	1974 (08:00) ♐	1939 ♑	1996 (23:47) ♒
2010 ♒	1975 (06:27) ♈	1940 (15:04) ♊	1997 ♊
28.07.	1976 (23:23) ♍	1941 ♎	1998 ♎
1920 ♑	1977 ♑	1942 (14:49) ♓	1999 ♒
1921 ♉	1978 ♉	1943 (00:04) ♋	2000 ♋
1922 (14:26) ♉	1979 ♍	1944 ♏	2001 (09:44) ♐
1923 ♒	1980 ♒	1945 (07:07) ♈	2002 (04:39) ♈
1924 (17:11) ♋	1981 (12:41) ♋	1946 ♌	2003 ♌
1925 (11:56) ♏	1982 ♏	1947 (20:01) ♑	2004 (04:57) ♉
1926 ♓	1983 ♓	1948 ♉	2005 ♉
1927 (10:00) ♌	1984 (03:41) ♌	1949 (20:20) ♎	2006 ♍
1928 ♐	1985 ♐	1950 ♒	2007 (14:14) ♒
1929 ♈	1986 (06:11) ♉	1951 ♊	2008 (18:11) ♋
1930 ♍	1987 (05:26) ♍	1952 (14:04) ♏	2009 ♏
1931 ♑	1988 (18:25) ♒	1953 ♓	2010 ♓
1932 ♊	1989 ♊	1954 (12:10) ♌	**30.07.**
1933 ♎	1990 ♎	1955 ♐	1920 ♒
1934 (08:20) ♓	1991 ♒	1956 ♈	1921 (01:37) ♊
1935 ♋	1992 ♋	1957 ♍	1922 (16:59) ♏
1936 (18:56) ♐	1993 (03:13) ♈	1958 ♎	1923 ♓
1937 (03:15) ♈	1994 ♈	1959 (20:23) ♊	1924 ♋
1938 (23:17) ♍	1995 ♌	1960 ♎	1925 (16:56) ♐
1939 (05:51) ♑	1996 (00:17) ♊	1961 (13:13) ♓	1926 ♈
1940 ♉	1997 (18:04) ♊	1962 ♋	1927 (18:42) ♍
1941 (17:41) ♎	1998 (08:14) ♋	1963 ♌	1928 ♑
1942 ♒	1999 (02:54) ♒	1964 (07:25) ♈	1929 ♉
1943 ♊	2000 (14:30) ♋	1965 ♌	1930 ♎
1944 (00:16) ♏	2001 ♏	1966 (07:04) ♉	1931 ♒
1945 ♓	2002 ♓	1967 (01:40) ♉	1932 (09:07) ♋
1946 (04:57) ♌	2003 (21:17) ♌	1968 (22:32) ♎	1933 ♏

Geburtsdatum/ Mondzeichen			Geburtsdatum/ Mondzeichen			Geburtsdatum/ Mondzeichen			Geburtsdatum/ Mondzeichen		
1934	(09:45)	♈	1991		♓	1956		♉	1921	(04:18)	♋
1935		♌	1992		♌	1957		♎	1922	(21:35)	♐
1936		♐	1993	(09:27)	♑	1958		♒	1923	(09:11)	♈
1937	(07:31)	♉	1994		♉	1959		♊	1924		♌
1938		♍	1995		♍	1960		♏	1925	(18:46)	♑
1939	(17:15)	♒	1996		♒	1961	(13:56)	♈	1926		♍
1940		♊	1997		♊	1962		♌	1927		♒
1941	(21:09)	♏	1998	(20:45)	♏	1963		♐	1928		♊
1942		♓	1999	(11:27)	♓	1964	(13:00)	♉	1929		♏
1943		♋	2000	(14:24)	♌	1965		♍	1930		♓
1944	(09:50)	♐	2001		♐	1966	(17:02)	♏	1931		♋
1945		♈	2002		♈	1967	(14:01)	♊	1932	(16:57)	♌
1946	(07:32)	♍	2003		♌	1968		♎	1933		♐
1947		♑	2004		♑	1969		♓	1934	(14:25)	♉
1948		♉	2005	(03:02)	♊	1970		♋	1935	(10:07)	♍
1949		♎	2006	(01:27)	♎	1971		♏	1936		♑
1950		♒	2007		♒	1972		♈	1937	(10:29)	♊
1951	(15:42)	♋	2008		♋	1973	(10:34)	♍	1938		♎
1952		♏	2009	(21:10)	♐	1974		♑	1939		♒
1953	(09:56)	♈	2010	(21:41)	♈	1975		♉	1940		♋
1954		♌	**31.07.**			1976	(02:13)	♎	1941	(23:49)	♐
1955		♐	1920		♒	1977		♒	1942		♈
1956	(06:40)	♉	1921		♊	1978	(14:28)	♋	1943		♌
1957	(23:20)	♎	1922		♏	1979	(14:46)	♏	1944	(15:42)	♑
1958	(04:52)	♒	1923		♓	1980	(15:53)	♈	1945		♉
1959		♊	1924	(04:38)	♌	1981		♌	1946	(13:05)	♎
1960	(22:55)	♏	1925		♐	1982		♐	1947	(08:50)	♒
1961		♓	1926	(06:46)	♉	1983		♈	1948		♊
1962	(22:21)	♌	1927		♍	1984		♍	1949		♏
1963	(17:08)	♐	1928	(23:33)	♒	1985	(07:25)	♒	1950		♓
1964		♈	1929	(07:43)	♊	1986		♊	1951		♋
1965	(03:55)	♍	1930	(22:05)	♏	1987		♎	1952		♐
1966		♑	1931	(13:45)	♋	1988		♓	1953	(11:57)	♉
1967		♉	1932		♐	1989	(23:41)	♌	1954		♍
1968		♎	1933	(21:27)	♐	1990	(15:00)	♐	1955		♑
1969	(18:30)	♓	1934		♈	1991	(10:20)	♈	1956	(12:16)	♊
1970	(00:14)	♈	1935		♌	1992	(09:01)	♍	1957		♎
1971		♏	1936	(04:24)	♑	1993		♑	1958	(13:11)	♓
1972	(12:50)	♈	1937		♒	1994		♉	1959	(08:24)	♋
1973		♌	1938	(01:35)	♎	1995		♍	1960		♏
1974	(19:11)	♑	1939		♒	1996	(23:01)	♓	1961		♈
1975	(18:53)	♉	1940	(22:32)	♋	1997	(01:38)	♋	1962		♌
1976		♍	1941		♏	1998		♏	1963		♐
1977	(00:04)	♒	1942	(18:55)	♈	1999		♓	1964		♉
1978		♊	1943	(12:43)	♌	2000		♈	1965	(04:54)	♎
1979		♎	1944		♐	2001	(19:16)	♑	1966		♒
1980		♓	1945	(09:29)	♉	2002	(17:17)	♉	1967		♊
1981	(15:20)	♌	1946		♍	2003	(03:27)	♒	1968	(03:11)	♏
1982		♐	1947		♑	2004	(04:54)	♒	1969	(20:55)	♈
1983		♈	1948	(04:01)	♊	2005		♊	1970	(11:44)	♌
1984	(04:29)	♍	1949	(22:44)	♏	2006		♎	1971	(09:49)	♐
1985		♑	1950	(00:19)	♓	2007	(18:40)	♓	1972	(15:57)	♉
1986	(18:19)	♉	1951		♈	2008	(19:21)	♌	1973		♍
1987	(16:59)	♎	1952	(20:37)	♐	2009		♐	1974		♑
1988	(18:23)	♓	1953		♈	2010		♈	1975		♉
1989		♋	1954	(18:50)	♍	**01.08.**			1976		♎
1990		♏	1955	(12:18)	♑	1920	(20:18)	♓	1977	(02:23)	♓

Geburtsdatum	Mondzeichen	Geburtsdatum	Mondzeichen	Geburtsdatum	Mondzeichen	Geburtsdatum	Mondzeichen
1978	♋	1943	♌	2000	♍	1965 (09:20)	♏
1979	♏	1944	♑	2001	♑	1966 (04:36)	♓
1980	♈	1945 (12:23)	♊	2002	♉	1967	♋
1981 (19:54)	♍	1946	♎	2003 (07:48)	♎	1968 (06:11)	♐
1982 (10:36)	♑	1947	♒	2004 (05:34)	♓	1969	♈
1983 (08:37)	♉	1948 (08:20)	♋	2005	♋	1970	♌
1984 (05:03)	♎	1949	♏	2006	♏	1971 (17:32)	♑
1985	♒	1950 (08:03)	♈	2007 (21:43)	♈	1972 (18:33)	♉
1986	♊	1951 (04:07)	♌	2008 (21:59)	♍	1973	♎
1987	♎	1952 (23:27)	♑	2009 (09:08)	♑	1974	♒
1988 (18:53)	♈	1953	♉	2010 (09:13)	♉	1975	♊
1989	♌	1954	♍	**03.08.**		1976	♏
1990	♐	1955 (23:52)	♒	1920	♓	1977 (07:54)	♈
1991	♈	1956	♊	1921 (04:11)	♌	1978 (03:10)	♌
1992	♍	1957 (02:01)	♏	1922	♐	1979	♐
1993 (17:36)	♒	1958	♓	1923 (21:22)	♉	1980	♉
1994 (12:05)	♊	1959	♋	1924	♍	1981	♍
1995 (02:23)	♎	1960 (03:04)	♐	1925 (18:40)	♒	1982 (23:17)	♒
1996	♓	1961 (17:19)	♉	1926	♊	1983 (15:43)	♊
1997	♋	1962 (08:57)	♍	1927	♎	1984 (07:04)	♏
1998	♏	1963 (04:12)	♑	1928 (06:35)	♓	1985	♓
1999 (17:47)	♈	1964 (16:28)	♊	1929	♋	1986	♋
2000 (14:27)	♍	1965	♎	1930 (05:24)	♐	1987	♏
2001	♑	1966	♒	1931 (02:10)	♈	1988 (21:24)	♉
2002	♉	1967 (23:32)	♋	1932 (22:15)	♍	1989 (08:19)	♍
2003	♍	1968	♏	1933	♑	1990 (03:09)	♑
2004	♒	1969	♈	1934 (22:48)	♊	1991	♉
2005 (13:52)	♋	1970	♌	1935 (22:55)	♎	1992	♎
2006 (14:08)	♏	1971	♐	1936	♒	1993	♒
2007	♓	1972	♉	1937 (12:34)	♋	1994 (23:22)	♋
2008	♌	1973 (14:12)	♎	1938	♏	1995 (08:29)	♏
2009	♐	1974 (07:46)	♒	1939	♓	1996 (00:05)	♈
2010	♈	1975 (05:02)	♊	1940 (02:20)	♌	1997	♌
02.08.		1976 (04:55)	♏	1941	♐	1998	♐
1920	♓	1977	♓	1942 (02:47)	♉	1999 (22:09)	♉
1921	♋	1978	♋	1943 (01:45)	♍	2000 (16:31)	♎
1922	♐	1979 (23:05)	♐	1944 (18:10)	♒	2001 (06:53)	♒
1923	♈	1980 (17:55)	♉	1945	♊	2002 (04:47)	♊
1924 (14:05)	♍	1981	♍	1946 (22:23)	♏	2003	♎
1925	♑	1982	♑	1947 (20:49)	♓	2004	♓
1926 (12:24)	♊	1983	♉	1948	♋	2005	♋
1927 (05:44)	♎	1984	♉	1949 (02:25)	♐	2006	♏
1928	♒	1985 (13:33)	♓	1950	♈	2007	♈
1929 (09:15)	♋	1986 (07:04)	♋	1951	♌	2008	♍
1930	♏	1987 (02:09)	♏	1952		2009	♑
1931	♓	1988	♈	1953 (16:10)	♊	2010	♉
1932	♌	1989	♌	1954 (04:14)	♎	**04.08.**	
1933 (22:40)	♑	1990	♐	1955	♒	1920 (05:10)	♈
1934	♉	1991 (17:32)	♉	1956 (14:32)	♋	1921	♌
1935	♍	1992 (09:17)	♎	1957	♏	1922 (04:22)	♑
1936 (10:25)	♒	1993	♉	1958	♓	1923	♉
1937	♊	1994	♊	1959 (18:09)	♌	1924 (21:20)	♎
1938 (07:49)	♏	1995	♎	1960	♐	1925	♒
1939	♓	1996	♓	1961	♉	1926 (21:08)	♋
1940	♋	1997 (11:27)	♌	1962	♍	1927 (18:16)	♏
1941	♐	1998 (08:48)	♐	1963	♑	1928	♓
1942	♈	1999	♈	1964	♊	1929 (09:11)	♌

Geburtsdatum/Mondzeichen	Geburtsdatum/Mondzeichen	Geburtsdatum/Mondzeichen	Geburtsdatum/Mondzeichen
1930 ♐	1987 (07:47) ♐	1952 ♒	2009 ♒
1931 ♑	1988 ♉	1953 (23:00) ♋	2010 ♊
1932 ♍	1989 ♍	1954 (16:03) ♏	**06.08.**
1933 (23:22) ♒	1990 ♑	1955 (09:04) ♓	1920 (11:56) ♉
1934 ♊	1991 (21:54) ♊	1956 (14:27) ♌	1921 ♍
1935 ♎	1992 (12:16) ♏	1957 ♐	1922 (13:18) ♒
1936 (13:36) ♓	1993 (03:44) ♓	1958 ♈	1923 (09:47) ♊
1937 ♋	1994 ♋	1959 ♌	1924 ♎
1938 (18:02) ♐	1995 ♏	1960 ♑	1925 ♓
1939 (18:22) ♈	1996 ♈	1961 (00:04) ♊	1926 ♋
1940 ♌	1997 (23:15) ♍	1962 ♎	1927 ♏
1941 (02:17) ♑	1998 (18:18) ♑	1963 ♒	1928 ♈
1942 ♉	1999 ♉	1964 ♋	1929 (09:22) ♍
1943 ♍	2000 ♎	1965 (17:49) ♐	1930 ♑
1944 ♒	2001 ♒	1966 (17:15) ♈	1931 ♎
1945 (16:22) ♋	2002 ♊	1967 (05:26) ♌	1932 (01:56) ♎
1946 ♏	2003 (11:12) ♏	1968 (07:57) ♑	1933 ♒
1947 ♓	2004 (08:59) ♈	1969 ♉	1934 (10:13) ♋
1948 (09:13) ♌	2005 (02:10) ♌	1970 ♍	1935 (10:57) ♏
1949 ♐	2006 (00:13) ♐	1971 (21:47) ♒	1936 (15:21) ♈
1950 (19:06) ♉	2007 ♈	1972 (21:18) ♋	1937 ♌
1951 (15:18) ♍	2008 ♍	1973 ♏	1938 ♐
1952 (23:41) ♒	2009 (22:08) ♒	1974 ♓	1939 ♈
1953 ♊	2010 (17:54) ♊	1975 ♋	1940 ♍
1954 ♎	**05.08.**	1976 ♐	1941 (05:32) ♒
1955 ♒	1920 ♈	1977 (17:18) ♉	1942 ♊
1956 ♋	1921 (03:18) ♍	1978 (15:29) ♍	1943 ♎
1957 (07:47) ♐	1922 ♑	1979 (03:23) ♐	1944 ♓
1958 (00:14) ♈	1923 ♉	1980 ♊	1945 (21:53) ♌
1959 ♌	1924 ♎	1981 ♎	1946 (10:36) ♐
1960 (04:26) ♑	1925 (18:23) ♓	1982 ♒	1947 (07:20) ♈
1961 ♉	1926 ♋	1983 (19:09) ♋	1948 (08:32) ♍
1962 (21:17) ♊	1927 ♏	1984 (11:30) ♐	1949 ♑
1963 (12:25) ♒	1928 (11:33) ♌	1985 ♈	1950 ♍
1964 (18:13) ♋	1929 ♐	1986 ♌	1951 ♍
1965 ♏	1930 (15:34) ♉	1987 ♐	1952 (23:05) ♓
1966 ♓	1931 (15:05) ♉	1988 ♉	1953 ♋
1967 ♋	1932 ♍	1989 (19:28) ♎	1954 ♏
1968 ♐	1933 ♒	1990 (13:19) ♐	1955 ♓
1969 (03:02) ♉	1934 ♊	1991 ♊	1956 ♌
1970 (00:34) ♍	1935 ♎	1992 ♏	1957 (16:23) ♑
1971 ♑	1936 ♏	1993 ♓	1958 (13:04) ♒
1972 ♊	1937 (14:35) ♌	1994 ♋	1959 (01:29) ♍
1973 (21:35) ♎	1938 ♐	1995 (12:14) ♐	1960 (04:21) ♒
1974 (20:26) ♓	1939 ♈	1996 (04:33) ♈	1961 ♊
1975 (11:17) ♋	1940 (03:50) ♍	1997 ♍	1962 ♎
1976 (08:03) ♐	1941 ♑	1998 ♑	1963 (17:46) ♓
1977 ♈	1942 (13:54) ♊	1999 ♉	1964 (19:11) ♐
1978 ♌	1943 (13:51) ♎	2000 (22:04) ♏	1965 ♈
1979 ♐	1944 (18:35) ♓	2001 (19:30) ♓	1966 ♈
1980 (21:10) ♊	1945 ♏	2002 (13:02) ♋	1967 ♌
1981 (03:24) ♎	1946 ♏	2003 ♏	1968 ♑
1982 ♒	1947 ♓	2004 ♈	1969 (12:49) ♊
1983 ♊	1948 ♌	2005 ♌	1970 (13:32) ♎
1984 ♏	1949 (07:36) ♑	2006 ♐	1971 ♒
1985 (22:43) ♈	1950 ♉	2007 (00:16) ♉	1972 ♋
1986 (18:26) ♌	1951 ♍	2008 (03:28) ♎	1973 ♏

Geburtsdatum/ Mondzeichen	Geburtsdatum/ Mondzeichen	Geburtsdatum/ Mondzeichen	Geburtsdatum/ Mondzeichen
1974 ♓	1939 (05:47) ♉	1996 (12:49) ♊	1961 ♋
1975 (13:44) ♌	1940 (04:50) ♎	1997 (12:17) ♎	1962 ♏
1976 (11:54) ♑	1941 ♒	1998 (00:31) ♒	1963 (21:07) ♈
1977 ♉	1942 ♊	1999 ♊	1964 (20:50) ♍
1978 ♍	1943 (23:40) ♏	2000 ♏	1965 (05:22) ♑
1979 ♑	1944 (18:43) ♈	2001 ♏	1966 (05:38) ♉
1980 ♊	1945 ♌	2002 (17:27) ♌	1967 ♍
1981 (13:58) ♏	1946 ♐	2003 ♐	1968 ♒
1982 (10:23) ♓	1947 ♈	2004 ♉	1969 ♊
1983 ♋	1948 ♍	2005 ♍	1970 ♎
1984 ♐	1949 (14:34) ♒	2006 ♊	1971 ♓
1985 ♈	1950 (07:44) ♊	2007 (03:01) ♊	1972 (00:56) ♐
1986 ♌	1951 (00:34) ♎	2008 (12:26) ♏	1973 ♐
1987 (09:52) ♑	1952 ♓	2009 (10:34) ♑	1974 ♈
1988 (02:43) ♊	1953 ♋	2010 ♋	1975 (13:53) ♍
1989 ♎	1954 ♏	**08.08.**	1976 (16:57) ♒
1990 ♒	1955 (16:00) ♈	1920 (16:15) ♊	1977 (05:29) ♊
1991 (23:47) ♋	1956 (13:50) ♍	1921 ♎	1978 (02:30) ♎
1992 (18:57) ♐	1957 ♑	1922 ♒	1979 ♒
1993 (15:39) ♈	1958 ♉	1923 (20:08) ♏	1980 ♋
1994 (07:31) ♌	1959 ♍	1924 ♏	1981 ♏
1995 ♐	1960 ♒	1925 ♈	1982 (19:21) ♈
1996 ♉	1961 (09:56) ♋	1926 ♌	1983 ♉
1997 ♍	1962 (09:56) ♏	1927 ♐	1984 ♉
1998 ♑	1963 ♓	1928 ♉	1985 ♉
1999 (00:57) ♊	1964 ♌	1929 (11:56) ♎	1986 ♍
2000 ♏	1965 ♐	1930 (03:26) ♒	1987 (09:37) ♒
2001 ♓	1966 ♉	1931 (02:01) ♏	1988 (10:52) ♊
2002 ♋	1967 (08:36) ♍	1932 (04:49) ♏	1989 (08:05) ♏
2003 (14:11) ♐	1968 (09:37) ♊	1933 ♓	1990 ♓
2004 (16:26) ♉	1969 ♊	1934 (23:08) ♌	1991 ♌
2005 (14:54) ♍	1970 ♎	1935 (20:25) ♐	1992 ♐
2006 (06:19) ♑	1971 (23:34) ♓	1936 (17:11) ♉	1993 ♈
2007 ♉	1972 ♋	1937 ♍	1994 (12:42) ♍
2008 ♎	1973 (08:37) ♐	1938 ♑	1995 ♑
2009 ♒	1974 (08:15) ♈	1939 ♉	1996 ♊
2010 (22:50) ♋	1975 ♌	1940 ♎	1997 ♎
07.08.	1976 ♑	1941 (10:51) ♓	1998 ♒
1920 ♉	1977 ♉	1942 (02:30) ♏	1999 (02:53) ♋
1921 (03:51) ♎	1978 ♍	1943 ♏	2000 (07:30) ♐
1922 ♒	1979 (04:28) ♒	1944 ♈	2001 (08:05) ♈
1923 ♊	1980 (02:12) ♏	1945 ♉	2002 ♌
1924 (02:24) ♏	1981 ♏	1946 (23:23) ♑	2003 (17:02) ♑
1925 (19:46) ♈	1982 ♓	1947 (15:43) ♉	2004 ♉
1926 (08:12) ♌	1983 (19:37) ♑	1948 (08:29) ♒	2005 ♍
1927 (06:14) ♐	1984 (18:24) ♉	1949 ♒	2006 (08:47) ♒
1928 (15:18) ♉	1985 (10:41) ♉	1950 ♊	2007 ♊
1929 ♍	1986 (03:44) ♑	1951 ♎	2008 ♏
1930 ♑	1987 ♑	1952 (23:33) ♈	2009 ♓
1931 ♉	1988 ♊	1953 (08:16) ♐	2010 ♋
1932 ♊	1989 ♎	1954 (04:32) ♐	**09.08.**
1933 (01:11) ♓	1990 (20:54) ♓	1955 ♈	1920 ♊
1934 ♈	1991 ♐	1956 ♍	1921 (07:33) ♊
1935 ♏	1992 ♐	1957 ♑	1922 (00:23) ♓
1936 ♈	1993 ♈	1958 ♉	1923 ♋
1937 (17:54) ♍	1994 ♌	1959 (06:56) ♓	1924 (05:32) ♐
1938 (06:33) ♑	1995 (13:52) ♑	1960 (04:42) ♓	1925 ♈

Geburtsdatum/	Mondzeichen
1926 (20:39)	♍
1927 (15:23)	♑
1928 (18:22)	♊
1929	♎
1930	♏
1931	♊
1932	♏
1933 (05:41)	♈
1934	♌
1935	♐
1936	♉
1937 (23:58)	♎
1938 (19:15)	♐
1939 (14:06)	♊
1940 (06:46)	♏
1941	♓
1942	♋
1943	♏
1944 (20:19)	♉
1945 (05:24)	♍
1946	♑
1947	♉
1948	♎
1949 (23:45)	♓
1950 (19:27)	♐
1951 (07:24)	♏
1952	♈
1953	♌
1954	♐
1955 (21:03)	♉
1956 (14:50)	♋
1957 (03:01)	♒
1958 (01:16)	♊
1959	♎
1960	♓
1961 (21:59)	♌
1962 (20:48)	♐
1963	♈
1964	♍
1965	♑
1966	♉
1967 (10:34)	♎
1968 (12:46)	♓
1969 (00:57)	♋
1970 (00:57)	♏
1971	♓
1972	♋
1973 (21:30)	♑
1974 (18:13)	♉
1975	♍
1976	♒
1977	♊
1978	♎
1979 (04:05)	♓
1980 (09:23)	♌
1981 (02:22)	♐
1982	♈

Geburtsdatum/	Mondzeichen
1983 (18:49)	♍
1984	♑
1985 (23:31)	♊
1986 (11:05)	♎
1987	♒
1988	♋
1989	♏
1990	♓
1991 (00:09)	♌
1992 (05:00)	♑
1993 (04:22)	♉
1994	♍
1995 (14:28)	♒
1996 (23:57)	♎
1997	♎
1998 (04:04)	♓
1999	♒
2000	♐
2001	♈
2002 (19:03)	♍
2003	♑
2004 (03:33)	♊
2005 (03:08)	♎
2006	♒
2007 (06:36)	♐
2008	♏
2009 (21:23)	♈
2010 (00:23)	♌
10.08.	
1920 (18:11)	♋
1921	♏
1922	♓
1923	♋
1924	♐
1925 (00:24)	♉
1926	♍
1927	♑
1928	♊
1929 (18:22)	♏
1930 (16:03)	♓
1931 (09:11)	♑
1932 (07:32)	♐
1933	♈
1934	♌
1935	♐
1936 (20:12)	♊
1937	♎
1938	♒
1939	♊
1940	♒
1941 (19:13)	♈
1942 (14:39)	♌
1943 (06:08)	♐
1944	♉
1945	♍
1946	♑
1947 (21:17)	♊

Geburtsdatum/	Mondzeichen
1948 (10:56)	♏
1949	♓
1950	♋
1951	♏
1952	♈
1953 (19:33)	♍
1954 (15:20)	♑
1955	♎
1956	♎
1957	♒
1958	♊
1959 (11:00)	♏
1960 (07:21)	♈
1961	♌
1962	♐
1963 (23:37)	♉
1964	♍
1965 (18:09)	♒
1966 (15:38)	♊
1967	♎
1968	♓
1969	♋
1970	♏
1971 (00:27)	♈
1972 (06:23)	♍
1973	♑
1974	♉
1975 (13:51)	♎
1976	♒
1977 (18:04)	♋
1978 (11:11)	♏
1979	♓
1980	♌
1981	♐
1982	♈
1983	♍
1984 (03:25)	♒
1985	♊
1986	♎
1987 (09:01)	♓
1988 (21:26)	♌
1989 (20:02)	♐
1990 (02:13)	♈
1991	♌
1992	♑
1993	♉
1994 (16:07)	♎
1995	♒
1996	♋
1997 (00:50)	♏
1998	♓
1999 (04:55)	♌
2000 (19:44)	♐
2001 (19:23)	♉
2002	♍
2003 (20:23)	♒
2004	♊

Geburtsdatum/	Mondzeichen
2005	♎
2006 (09:10)	♓
2007	♐
2008 (00:10)	♐
2009	♐
2010	♌
11.08.	
1920	♋
1921 (14:59)	♐
1922 (13:05)	♑
1923 (03:19)	♌
1924 (07:20)	♑
1925	♉
1926	♍
1927 (20:46)	♒
1928 (21:03)	♋
1929	♏
1930	♓
1931	♋
1932	♐
1933 (13:45)	♑
1934 (11:59)	♍
1935 (02:10)	♑
1936	♊
1937	♎
1938	♒
1939 (18:21)	♋
1940 (10:29)	♐
1941	♈
1942	♌
1943	♐
1944	♉
1945 (15:21)	♎
1946 (10:24)	♒
1947	♊
1948	♏
1949	♓
1950	♋
1951 (11:31)	♐
1952 (02:46)	♉
1953	♍
1954	♑
1955	♉
1956 (19:20)	♏
1957 (15:02)	♓
1958 (10:25)	♋
1959	♏
1960	♈
1961	♌
1962	♐
1963	♉
1964 (00:51)	♎
1965	♒
1966	♊
1967 (12:44)	♏
1968 (18:53)	♈
1969 (13:38)	♌

Geburtsdatum/Mondzeichen			Geburtsdatum/Mondzeichen			Geburtsdatum/Mondzeichen			Geburtsdatum/Mondzeichen		
1970	(09:07)	♐	1935		♑	1992		♒	1957		♓
1971		♈	1936		♊	1993		♊	1958	(15:43)	♌
1972		♍	1937	(09:37)	♏	1994	(18:56)	♏	1959		♐
1973		♑	1938	(06:45)	♓	1995		♓	1960		♉
1974		♉	1939		♋	1996	(12:29)	♐	1961		♍
1975		♎	1940		♐	1997	(10:45)	♐	1962		♑
1976	(00:00)	♓	1941		♈	1998		♈	1963	(02:16)	♊
1977		♋	1942		♌	1999	(08:22)	♍	1964	(08:31)	♏
1978		♏	1943	(09:09)	♑	2000		♑	1965	(06:37)	♓
1979	(04:10)	♈	1944	(00:38)	♊	2001		♉	1966		♋
1980	(18:54)	♍	1945		♎	2002		♎	1967	(15:52)	♐
1981	(14:20)	♑	1946		♒	2003		♒	1968		♈
1982	(02:00)	♉	1947	(23:50)	♋	2004		♋	1969		♌
1983	(18:51)	♎	1948	(16:49)	♐	2005		♏	1970	(13:25)	♑
1984		♒	1949	(11:20)	♈	2006	(09:22)	♈	1971		♉
1985		♊	1950	(04:36)	♌	2007		♉	1972		♎
1986	(16:36)	♏	1951		♐	2008	(12:42)	♑	1973		♒
1987		♓	1952		♉	2009	(05:50)	♉	1974		♊
1988		♌	1953		♍	2010	(23:42)	♎	1975		♏
1989		♐	1954	(22:54)	♒	**13.08.**			1976	(09:49)	♈
1990		♈	1955	(00:33)	♊	1920		♌	1977	(04:57)	♌
1991	(00:35)	♍	1956		♏	1921		♐	1978		♐
1992	(17:06)	♒	1957		♓	1922		♈	1979	(06:21)	♉
1993	(15:47)	♊	1958		♋	1923	(07:44)	♍	1980		♍
1994		♎	1959	(13:58)	♐	1924	(08:52)	♒	1981	(23:56)	♒
1995	(15:46)	♓	1960	(13:36)	♉	1925		♊	1982	(06:22)	♊
1996		♏	1961	(11:00)	♍	1926		♎	1983	(21:44)	♏
1997		♏	1962	(04:18)	♑	1927	(23:04)	♓	1984		♓
1998	(06:10)	♈	1963		♉	1928	(23:57)	♌	1985		♋
1999		♌	1964		♊	1929	(04:45)	♐	1986	(20:17)	♐
2000		♑	1965		♒	1930	(04:32)	♈	1987		♈
2001		♉	1966	(21:41)	♋	1931		♌	1988	(09:46)	♍
2002	(19:38)	♎	1967		♏	1932		♑	1989	(05:16)	♑
2003		♒	1968		♈	1933		♉	1990		♉
2004	(16:20)	♋	1969		♌	1934	(23:33)	♎	1991	(02:52)	♎
2005	(13:35)	♏	1970		♐	1935	(04:22)	♏	1992		♒
2006		♓	1971	(01:55)	♉	1936	(00:52)	♋	1993	(23:46)	♋
2007	(11:42)	♌	1972	(14:27)	♎	1937		♏	1994		♏
2008		♐	1973	(09:52)	♒	1938		♓	1995	(19:41)	♈
2009		♈	1974	(01:15)	♊	1939	(19:09)	♌	1996		♌
2010	(00:01)	♍	1975	(15:30)	♏	1940	(16:15)	♑	1997		♐
12.08.			1976		♓	1941	(06:32)	♉	1998	(08:04)	♉
1920	(18:41)	♌	1977		♋	1942	(01:09)	♍	1999		♍
1921		♐	1978	(16:43)	♐	1943		♑	2000	(08:43)	♒
1922		♈	1979		♈	1944		♊	2001	(03:59)	♊
1923		♌	1980		♍	1945		♎	2002	(21:01)	♏
1924		♑	1981		♑	1946	(18:41)	♓	2003	(01:19)	♓
1925	(08:57)	♊	1982		♉	1947		♋	2004		♋
1926	(09:26)	♎	1983		♎	1948		♐	2005	(20:47)	♐
1927		♒	1984	(14:13)	♓	1949		♈	2006		♈
1928		♋	1985	(10:28)	♋	1950		♌	2007	(19:03)	♍
1929		♏	1986		♏	1951	(13:18)	♑	2008		♑
1930		♓	1987	(10:09)	♈	1952	(09:36)	♊	2009		♉
1931	(12:31)	♌	1988		♌	1953	(08:08)	♎	2010		♎
1932	(10:38)	♑	1989		♐	1954		♒	**14.08.**		
1933		♉	1990	(05:55)	♉	1955		♊	1920	(19:27)	♍
1934		♍	1991		♍	1956		♏	1921	(01:30)	♑

Spalte 1

Geburtsdatum	Mondzeichen
1922 (01:57)	♉
1923	♍
1924	♒
1925 (20:39)	♋
1926 (21:18)	♏
1927	♓
1928	♌
1929	♐
1930	♈
1931 (13:25)	♊
1932 (14:54)	♒
1933 (00:57)	♊
1934	♎
1935	♒
1936	♋
1937 (21:59)	♐
1938 (16:34)	♈
1939	♌
1940	♑
1941	♉
1942	♍
1943 (09:36)	♒
1944 (08:03)	♋
1945 (03:24)	♏
1946	♓
1947	♋
1948	♐
1949	♈
1950 (11:03)	♍
1951	♑
1952	♊
1953	♎
1954	♒
1955 (02:50)	♋
1956 (04:00)	♐
1957 (03:46)	♈
1958	♌
1959 (16:19)	♑
1960 (23:29)	♊
1961 (23:44)	♎
1962 (08:07)	♒
1963	♊
1964	♏
1965	♐
1966 (23:50)	♌
1967	♐
1968 (04:36)	♉
1969 (01:32)	♍
1970	♑
1971 (05:10)	♊
1972	♎
1973 (20:14)	♓
1974 (04:49)	♋
1975 (19:59)	♐
1976	♈
1977	♌
1978 (19:03)	♑

Spalte 2

Geburtsdatum	Mondzeichen
1979	♉
1980 (06:32)	♉
1981	♒
1982	♊
1983	♏
1984	♓
1985 (17:57)	♌
1986	♐
1987 (14:38)	♉
1988	♍
1989	♑
1990 (08:41)	♊
1991	♎
1992 (05:51)	♓
1993	♋
1994 (21:53)	♐
1995	♈
1996	♌
1997 (16:42)	♑
1998	♉
1999 (14:24)	♎
2000	♒
2001	♊
2002	♏
2003	♓
2004 (04:30)	♌
2005	♐
2006 (11:00)	♉
2007	♍
2008 (23:56)	♒
2009 (11:25)	♊
2010	♎
15.08.	
1920	♍
1921	♑
1922	♉
1923 (10:27)	♎
1924 (11:28)	♓
1925	♋
1926	♏
1927 (23:57)	♈
1928	♌
1929 (17:21)	♑
1930 (15:38)	♉
1931	♍
1932	♒
1933	♊
1934	♎
1935 (04:19)	♓
1936 (07:20)	♐
1937	♐
1938	♈
1939 (18:19)	♑
1940	♑
1941 (19:09)	♊
1942 (09:31)	♎
1943	♒

Spalte 3

Geburtsdatum	Mondzeichen
1944	♋
1945	♏
1946	♓
1947 (00:06)	♌
1948 (01:51)	♐
1949 (00:18)	♉
1950	♍
1951 (13:53)	♒
1952 (19:52)	♋
1953 (20:43)	♏
1954 (03:17)	♓
1955	♋
1956	♐
1957	♈
1958 (18:07)	♍
1959	♑
1960	♊
1961	♎
1962	♒
1963 (05:39)	♋
1964 (19:44)	♐
1965 (17:57)	♈
1966	♌
1967 (20:18)	♑
1968	♉
1969	♍
1970 (14:31)	♒
1971	♊
1972 (01:19)	♏
1973	♓
1974	♋
1975	♐
1976 (22:05)	♉
1977 (13:26)	♍
1978	♑
1979 (11:41)	♊
1980	♎
1981	♒
1982 (08:40)	♋
1983	♏
1984 (02:28)	♈
1985	♌
1986 (22:22)	♑
1987	♉
1988 (22:52)	♎
1989 (10:59)	♒
1990	♊
1991 (08:34)	♏
1992	♓
1993	♋
1994	♐
1995	♈
1996 (01:07)	♍
1997	♑
1998 (10:46)	♊
1999	♎
2000 (20:41)	♓

Spalte 4

Geburtsdatum	Mondzeichen
2001 (08:55)	♋
2002	♏
2003 (09:00)	♈
2004	♌
2005	♐
2006	♉
2007	♍
2008	♒
2009	♊
2010 (01:26)	♏
16.08.	
1920 (22:28)	♎
1921 (13:42)	♒
1922 (12:42)	♊
1923	♎
1924	♓
1925	♋
1926	♏
1927	♈
1928 (04:07)	♍
1929	♑
1930	♎
1931 (13:45)	♑
1932 (21:13)	♓
1933 (13:32)	♊
1934 (08:51)	♏
1935	♓
1936	♌
1937	♐
1938	♈
1939	♍
1940 (00:07)	♒
1941	♊
1942	♎
1943 (09:06)	♓
1944 (18:08)	♌
1945 (15:56)	♐
1946 (00:37)	♈
1947 (23:49)	♍
1948	♑
1949	♉
1950 (15:31)	♍
1951	♒
1952	♋
1953	♏
1954	♓
1955 (04:34)	♌
1956 (15:47)	♑
1957 (16:00)	♉
1958	♍
1959 (18:53)	♒
1960	♊
1961	♎
1962 (09:17)	♓
1963	♋
1964	♐
1965	♈

Geburtsdatum/ Mondzeichen	Geburtsdatum/ Mondzeichen	Geburtsdatum/ Mondzeichen	Geburtsdatum/ Mondzeichen
1966 (23:35) ♍	1931 ♎	1988 ♎	1953 (07:30) ♐
1967 ♑	1932 ♓	1989 (13:46) ♓	1954 ♈
1968 (16:51) ♊	1933 ♋	1990 ♋	1955 (06:57) ♍
1969 (11:51) ♎	1934 ♏	1991 (18:11) ♐	1956 ♑
1970 ♒	1935 (03:55) ♈	1992 ♈	1957 ♉
1971 (10:50) ♋	1936 (15:44) ♍	1993 ♌	1958 ♎
1972 ♏	1937 (10:37) ♑	1994 (01:18) ♑	1959 (22:59) ♓
1973 ♓	1938 (00:25) ♉	1995 ♉	1960 ♋
1974 (05:26) ♌	1939 (18:03) ♎	1996 (12:55) ♎	1961 ♏
1975 ♐	1940 ♒	1997 ♒	1962 (09:25) ♈
1976 ♉	1941 ♊	1998 (14:55) ♋	1963 ♌
1977 ♍	1942 (15:38) ♏	1999 ♏	1964 (08:38) ♑
1978 (19:15) ♒	1943 ♓	2000 ♓	1965 (03:27) ♉
1979 ♊	1944 ♌	2001 (10:25) ♌	1966 (23:05) ♎
1980 (19:15) ♏	1945 ♐	2002 ♐	1967 (02:17) ♒
1981 (06:35) ♓	1946 ♈	2003 (19:52) ♈	1968 ♊
1982 ♋	1947 ♍	2004 ♍	1969 (19:54) ♏
1983 (04:34) ♐	1948 (13:02) ♒	2005 ♑	1970 ♓
1984 ♈	1949 (12:23) ♊	2006 ♊	1971 (18:57) ♌
1985 (22:15) ♍	1950 ♎	2007 ♎	1972 ♐
1986 ♑	1951 (14:52) ♓	2008 (08:46) ♓	1973 ♈
1987 (22:59) ♊	1952 ♋	2009 ♋	1974 (04:42) ♍
1988 ♎	1953 ♏	2010 (06:34) ♐	1975 ♑
1989 ♒	1954 (05:38) ♈	**18.08.**	1976 (10:54) ♊
1990 (11:12) ♋	1955 ♌	1920 ♎	1977 ♎
1991 ♏	1956 ♑	1921 ♒	1978 (19:04) ♓
1992 (18:11) ♈	1957 ♐	1922 (19:40) ♋	1979 ♏
1993 (03:43) ♌	1958 (19:17) ♎	1923 ♏	1980 ♏
1994 ♐	1959 ♒	1924 ♈	1981 (10:49) ♈
1995 (03:25) ♉	1960 (11:43) ♋	1925 ♌	1982 ♌
1996 ♍	1961 (10:44) ♏	1926 ♐	1983 (14:59) ♑
1997 (18:58) ♒	1962 ♓	1927 (01:12) ♉	1984 ♉
1998 ♊	1963 (10:17) ♌	1928 (10:53) ♊	1985 ♍
1999 (23:40) ♏	1964 ♐	1929 (05:50) ♒	1986 ♒
2000 ♓	1965 ♈	1930 ♊	1987 ♊
2001 ♌	1966 ♍	1931 (15:10) ♏	1988 (11:12) ♏
2002 (00:25) ♐	1967 ♑	1932 ♓	1989 ♓
2003 ♈	1968 ♊	1933 ♋	1990 (14:11) ♌
2004 (14:49) ♍	1969 ♎	1934 (15:12) ♐	1991 ♐
2005 (00:13) ♑	1970 (14:01) ♓	1935 ♈	1992 ♈
2006 (15:07) ♊	1971 ♋	1936 ♍	1993 (04:41) ♍
2007 (05:04) ♎	1972 (13:49) ♐	1937 ♑	1994 ♑
2008 ♒	1973 (04:16) ♈	1938 ♉	1995 (14:40) ♊
2009 (14:13) ♋	1974 ♌	1939 ♉	1996 ♎
2010 ♏	1975 (03:25) ♑	1940 (10:10) ♓	1997 (19:01) ♓
17.08.	1976 ♉	1941 (06:37) ♋	1998 ♋
1920 ♎	1977 (19:49) ♎	1942 ♏	1999 ♏
1921 ♒	1978 ♒	1943 (09:32) ♈	2000 (06:44) ♈
1922 ♊	1979 (20:17) ♋	1944 ♌	2001 ♌
1923 (12:38) ♏	1980 ♏	1945 ♐	2002 (06:15) ♑
1924 (16:32) ♈	1981 ♓	1946 (04:59) ♉	2003 ♉
1925 (09:41) ♌	1982 (09:40) ♌	1947 ♍	2004 (23:09) ♎
1926 (06:39) ♈	1983 ♐	1948 ♒	2005 (00:39) ♒
1927 ♈	1984 (15:13) ♉	1949 ♊	2006 (22:03) ♋
1928 ♍	1985 ♍	1950 (18:49) ♏	2007 (17:13) ♏
1929 ♑	1986 (23:44) ♒	1951 ♓	2008 ♓
1930 (23:46) ♊	1987 ♊	1952 (08:19) ♌	2009 (14:56) ♌

Geburtsdatum	Mondzeichen	Geburtsdatum	Mondzeichen	Geburtsdatum	Mondzeichen	Geburtsdatum	Mondzeichen
2010	♐	1975 (13:09)	♒	1940 (22:14)	♈	1997 (18:45)	♈
19.08.		1976	♊	1941 (15:15)	♈	1998	♌
1920 (05:12)	♏	1977	♎	1942	♐	1999	♐
1921 (02:20)	♓	1978	♓	1943 (12:39)	♉	2000 (14:31)	♉
1922	♋	1979	♋	1944	♍	2001	♍
1923 (15:12)	♐	1980 (07:08)	♐	1945	♑	2002 (14:16)	♒
1924	♈	1981	♈	1946 (08:22)	♊	2003 (08:41)	♊
1925 (22:13)	♍	1982 (10:40)	♍	1947	♎	2004	♎
1926 (12:23)	♑	1983	♑	1948 (01:23)	♓	2005	♓
1927	♉	1984	♉	1949	♋	2006	♋
1928	♎	1985 (00:44)	♎	1950 (21:36)	♐	2007	♏
1929	♒	1986	♒	1951	♈	2008	♈
1930	♊	1987 (10:19)	♋	1952 (21:22)	♍	2009 (15:00)	♍
1931	♏	1988	♏	1953 (14:53)	♑	2010	♑
1932 (06:18)	♈	1989 (14:59)	♈	1954	♉	**21.08.**	
1933 (01:22)	♌	1990	♌	1955 (11:34)	♎	1920	♐
1934	♐	1991	♐	1956	♒	1921 (14:30)	♈
1935 (05:07)	♉	1992 (05:10)	♉	1957	♊	1922	♌
1936	♍	1993	♍	1958	♏	1923 (18:49)	♐
1937 (21:05)	♒	1994 (05:34)	♒	1959	♓	1924	♉
1938 (05:51)	♊	1995	♊	1960 (00:17)	♌	1925	♍
1939 (20:20)	♊	1996 (22:50)	♏	1961	♐	1926 (14:31)	♒
1940	♓	1997	♓	1962 (10:20)	♉	1927	♊
1941	♋	1998 (21:01)	♌	1963	♒	1928	♏
1942 (19:35)	♐	1999 (11:32)	♐	1964 (20:39)	♒	1929	♓
1943	♈	2000	♈	1965 (10:20)	♊	1930	♋
1944 (06:01)	♍	2001 (09:53)	♍	1966	♎	1931	♐
1945 (02:31)	♑	2002	♑	1967 (10:18)	♓	1932 (17:56)	♈
1946	♉	2003	♉	1968	♋	1933 (11:08)	♍
1947 (01:04)	♎	2004	♎	1969	♏	1934	♑
1948	♒	2005 (23:52)	♓	1970	♈	1935 (09:25)	♎
1949 (21:15)	♋	2006	♋	1971	♌	1936	♒
1950	♏	2007	♏	1972 (01:38)	♑	1937	♒
1951 (17:58)	♈	2008 (15:10)	♈	1973	♉	1938 (08:40)	♋
1952	♌	2009	♌	1974 (04:45)	♎	1939	♏
1953	♐	2010 (15:17)	♑	1975	♒	1940	♈
1954 (07:26)	♉	**20.08.**		1976 (21:34)	♋	1941	♌
1955	♍	1920	♏	1977 (00:35)	♏	1942 (21:46)	♑
1956 (04:38)	♒	1921	♓	1978 (20:29)	♐	1943	♐
1957 (01:51)	♊	1922 (22:45)	♌	1979 (07:28)	♌	1944 (18:45)	♎
1958 (20:50)	♏	1923	♐	1980	♐	1945 (09:32)	♒
1959	♓	1924 (00:54)	♉	1981 (13:43)	♉	1946	♊
1960	♋	1925	♍	1982	♍	1947 (05:44)	♏
1961 (18:44)	♐	1926	♑	1983	♑	1948	♓
1962	♈	1927 (04:08)	♊	1984 (02:31)	♊	1949	♋
1963 (16:40)	♍	1928 (20:57)	♏	1985	♎	1950	♐
1964	♑	1929 (16:46)	♓	1986 (01:52)	♓	1951	♈
1965	♉	1930 (04:02)	♋	1987	♋	1952	♍
1966	♎	1931 (18:47)	♐	1988 (20:55)	♐	1953	♑
1967	♒	1932	♈	1989	♈	1954 (09:56)	♎
1968 (05:15)	♋	1933	♌	1990 (18:33)	♍	1955	♒
1969	♏	1934 (18:27)	♑	1991 (06:34)	♑	1956 (16:47)	♓
1970 (13:50)	♈	1935	♉	1992	♉	1957 (07:48)	♊
1971	♌	1936 (02:17)	♎	1993 (04:35)	♎	1958 (23:48)	♐
1972	♐	1937	♒	1994	♒	1959 (05:51)	♈
1973 (10:14)	♉	1938	♊	1995	♊	1960	♌
1974	♍	1939	♏	1996	♏	1961 (23:07)	♑

Geburtsdatum	Mondzeichen	Geburtsdatum	Mondzeichen	Geburtsdatum	Mondzeichen	Geburtsdatum	Mondzeichen
1962	♉	1927 (09:19)	♋	1984 (10:20)	♋	1949	♌
1963	♍	1928	♏	1985	♏	1950 (00:23)	♑
1964	♒	1929	♓	1986 (06:27)	♈	1951	♉
1965	♊	1930 (04:58)	♌	1987	♌	1952 (09:42)	♎
1966 (00:24)	♏	1931	♉	1988	♐	1953	♒
1967	♓	1932	♍	1989	♉	1954 (13:50)	♋
1968 (15:40)	♌	1933	♉	1990	♍	1955	♏
1969 (01:12)	♐	1934 (19:18)	♍	1991 (19:27)	♒	1956	♓
1970 (15:46)	♉	1935	♊	1992	♊	1957 (09:51)	♌
1971 (05:19)	♍	1936 (14:36)	♏	1993 (05:27)	♏	1958	♐
1972	♑	1937 (04:28)	♓	1994	♓	1959 (15:58)	♉
1973 (14:26)	♊	1938	♋	1995	♋	1960	♍
1974	♎	1939 (02:14)	♐	1996 (05:48)	♐	1961	♑
1975	♒	1940	♈	1997 (19:57)	♉	1962	♊
1976	♋	1941 (20:53)	♍	1998 (05:21)	♍	1963	♎
1977	♏	1942	♑	1999	♑	1964 (06:13)	♓
1978	♈	1943 (19:34)	♊	2000 (19:55)	♊	1965	♈
1979	♌	1944	♎	2001	♎	1966 (04:51)	♐
1980 (16:11)	♉	1945	♒	2002	♒	1967	♈
1981	♎	1946 (11:06)	♋	2003 (20:44)	♋	1968 (23:21)	♍
1982 (13:22)	♎	1947	♏	2004	♏	1969 (03:49)	♑
1983 (03:25)	♒	1948 (14:05)	♈	2005 (00:01)	♈	1970 (21:03)	♊
1984	♊	1949 (02:08)	♌	2006	♌	1971 (17:22)	♒
1985 (02:51)	♏	1950	♐	2007	♐	1972	♒
1986	♓	1951 (00:26)	♉	2008	♉	1973 (17:08)	♏
1987 (22:58)	♌	1952	♍	2009 (16:12)	♎	1974	♏
1988	♐	1953 (18:29)	♒	2010 (02:37)	♒	1975	♓
1989 (16:10)	♉	1954	♊	**23.08.**		1976 (04:31)	♌
1990	♍	1955 (19:37)	♏	1920	♐	1977	♐
1991	♎	1956	♓	1921	♈	1978 (01:06)	♉
1992 (13:36)	♊	1957	♐	1922	♍	1979	♍
1993	♎	1958	♒	1923	♑	1980 (21:33)	♒
1994 (11:27)	♓	1959	♈	1924	♊	1981	♊
1995 (03:24)	♋	1960 (11:41)	♍	1925	♎	1982 (19:21)	♏
1996	♏	1961	♑	1926 (14:14)	♓	1983 (16:10)	♓
1997	♈	1962 (13:28)	♊	1927	♒	1984	♋
1998	♌	1963 (01:25)	♎	1928 (09:29)	♐	1985 (05:36)	♐
1999 (23:59)	♑	1964	♒	1929 (01:47)	♈	1986	♈
2000	♎	1965 (14:04)	♋	1930	♌	1987	♌
2001 (09:19)	♎	1966	♏	1931 (00:58)	♑	1989 (18:39)	♊
2002	♒	1967 (20:47)	♈	1932	♉	1990 (01:17)	♎
2003	♊	1968	♌	1933 (18:29)	♎	1991	♒
2004 (05:37)	♏	1969	♐	1934	♒	1993	♏
2005	♓	1970	♉	1935 (17:17)	♋	1994 (19:55)	♈
2006 (07:33)	♌	1971	♍	1936	♏	1995 (15:13)	♌
2007 (05:44)	♐	1972 (10:43)	♒	1937	♓	1997	♉
2008 (19:38)	♑	1973	♊	1938 (09:27)	♌	1998	♍
2009	♍	1974 (07:37)	♏	1939	♐	1999	♑
2010	♑	1975 (00:32)	♓	1940 (11:17)	♉	2001 (10:50)	♏
22.08.		1976	♐	1941	♍	2002 (00:11)	♓
1920	♐	1977 (04:03)	♐	1942 (23:07)	♒	2003	♋
1921	♈	1978	♈	1943	♊	2005	♈
1922 (23:16)	♑	1979 (20:11)	♍	1944	♎	2006 (19:08)	♍
1923	♑	1980	♑	1945 (13:05)	♓	2007 (16:20)	♑
1924 (12:14)	♊	1981 (16:18)	♊	1946	♋	2009	♎
1925 (09:05)	♎	1982	♎	1947 (14:34)	♐	2010	♒
1926	♒	1983	♒	1948	♈		

Geburtsdatum/ Mondzeichen		Geburtsdatum/ Mondzeichen		Geburtsdatum/ Mondzeichen		Geburtsdatum/ Mondzeichen	
24.08.		1927 (16:39)	♌	1939 (11:33)	♑	1951 (10:27)	♊
1922 (23:05)	♎	1931	♍	1943	♊		
1923 (00:03)	♒	1935	♋	1947	♐		

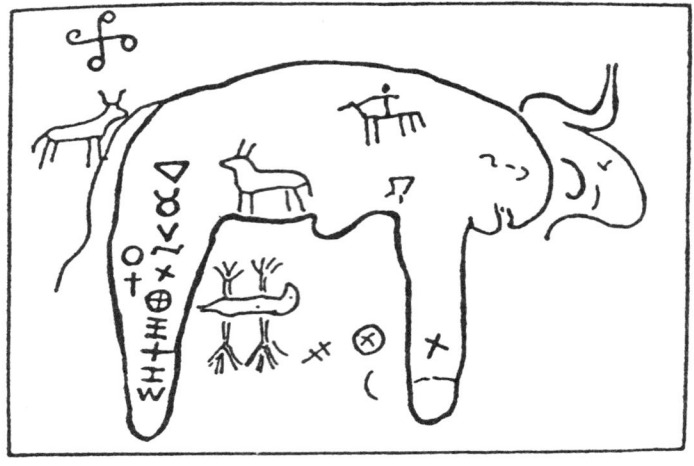

*Die älteste bekannte Darstellung der Tierkreiszeichen
(ca. 10000 v. Chr.).
Aus: L. Frobenius, H. Obermaier: Hadschra Maktouba (Kurt Wolf-
Verlag, München).*

Wie Sie mehr über Ihr Horoskop erfahren können

Der Unterschied zwischen dem, was ein Buch über Tierkreiszeichen an individueller Deutung leisten kann, und der Interpretation Ihres persönlichen Horoskops ist wesentlich größer als der zwischen einem Anzug von der Stange und einem maßgefertigten Kleidungsstück.

Wenn Sie mehr darüber erfahren wollen, was die Gestirne über Ihr individuelles Schicksal aussagen, benötigen Sie zunächst einmal ein genau berechnetes Horoskop. Wer einen Computer hat oder jemanden kennt, der einen besitzt, hat es leicht: Es gibt eine Vielzahl von Astrologieprogrammen, die für jeden Geschmack und jeden Geldbeutel etwas bieten. Wenn Sie bereits einen Horoskopausdruck haben, können Sie sich mit Hilfe astrologischer Lehrbücher an eine genauere Interpretation herantasten. Es existieren außerdem Astrologieschulen, die Sie in der Horoskopdeutung unterrichten können. Schließlich gibt es Firmen, die Horoskopberechnungen und Computerdeutungen anbieten. *Astrologieprogramme*

Leider ist auch in der Astrologie nicht alles Gold, was glänzt. Neben seriösen Astrologen, die Ihnen eine echte Lebenshilfe geben können, tummeln sich auf dem Gebiet auch viele Scharlatane. Das gleiche gilt sinngemäß natürlich für Bücher, Computerprogramme und Deutungen. *Vorsicht vor Scharlatanen*

Wenn Sie in dieser Hinsicht Hilfestellung und unverbindliche Informationen wünschen, können Sie sich gern direkt an den Autor wenden. Die Adresse finden Sie auf Seite 8.

Bitte legen Sie einen adressierten DIN-A4-Umschlag und DM 5,– in Briefmarken bei, und verwenden Sie das *Stichwort »Astro-Info«*. Sie erhalten dann eine umfangreiche Liste mit unseren persönlichen Empfehlungen zu allen Bereichen der Astrologie. Ihre Adresse wird von uns nicht gespeichert und auch nicht an andere weitergegeben.

Wenn Sie eine schriftliche Horoskopdeutung nach der Methode des Autors möchten, ohne daß Sie sich selbst mit Computerberechnungen auseinandersetzen müssen, können Sie hierzu kostenlos und unverbindlich Informationsmaterial unter der Adresse des Autors anfordern *(Stichwort »Querverbindungen«)*.

Die Deutung und Bedeutung des Aszendenten

Wie bereits im Einleitungskapitel dargestellt, besteht ein Horoskop aus vielen verschiedenen Deutungselementen, von denen das Tierkreiszeichen zwar das bekannteste, aber eben nur eines von vielen ist. Das Tierkreiszeichen eines Menschen ist wie gesagt nichts anderes als die Position der Sonne im Tierkreis (= Zodiakus) zum Zeitpunkt der Geburt. Da unser Kalender ebenfalls mit dem Sonnenlauf – von der Erde aus gesehen – korrespondiert, läßt sich anhand des Geburtsdatums recht genau bestimmen, welches Tierkreiszeichen zu einem gehört. Dies ist sicherlich der Hauptgrund, warum die Sonnenzeichen so populär wurden.

Sonnenzeichen

Der wohl wichtigste Einzelfaktor für ein wirklich persönliches Horoskop ist aber der Aszendent. Der Begriff kommt von dem lateinischen Wort *ascendere,* was soviel wie »aufsteigen« bedeutet. Mit dem Aszendenten ist der Abschnitt des Zodiakus gemeint, der im Augenblick der Geburt in östlicher Richtung am Horizont aufgeht. Der Aszendent ist außerdem identisch mit der Spitze – also dem Anfang – des ersten Hauses. Da der Aszendent etwa alle vier Minuten seine Position ändert, müssen Geburtsort und die genaue Geburtszeit bekannt sein, um ihn bestimmen zu können. Wenn Sie Ihre Geburtszeit kennen, steht der Berechnung des Aszendenten nichts im Wege. Falls sie Ihnen nicht bekannt ist, können Sie sie wie gesagt beim Standesamt Ihres Geburtsortes erfahren. Bei den meisten Standesämtern wird eine schriftliche Anfrage mit frankiertem Rückumschlag

Geburtsort

umgehend bearbeitet, manche verlangen allerdings eine Gebühr. Telefonisch erhalten Sie wegen des Datenschutzes nur selten Auskunft.

Im folgenden Abschnitt wird beschrieben, wie Sie den Aszendenten schnell feststellen können. Dank eines völlig neuen Verfahrens ist dies erstmals ohne komplizierte Berechnungen und absolut zuverlässig möglich.

Wie ist der Aszendent zu deuten? Vereinfacht gesagt, gibt der Aszendent Auskunft darüber, wer wir sind, während das Sonnenzeichen beschreibt, wie wir uns verhalten. Wenn wir den Menschen mit einem Auto vergleichen, dann würde der Aszendent uns verraten, um was für ein Gefährt es sich handelt, während das Tierkreiszeichen – also die Position der Sonne – uns Aufschluß darüber gibt, wie es behandelt und gefahren wird. Dies zeigt auch schon, daß die oft gestellte Frage, was denn nun wichtiger sei, der Aszendent oder das Tierkreiszeichen, im Grunde unsinnig ist. Handeln *Körper-* (Sonne) setzt Körperlichkeit (Aszendent) vor-*lichkeit* aus. Eine Veranlagung (Aszendent), die nicht gelebt wird (Sonne), ist bedeutungslos.

Wie können Sie nun Näheres zur Interpretation Ihres Aszendenten erfahren? Hier gibt es mehrere Wege. Der einfachste ist natürlich, sich ein spezielles Buch zu diesem Thema zu besorgen und unter dem entsprechenden Kapitel nachzuschlagen. Vielleicht kennen Sie auch jemanden, der sich intensiver mit Astrologie beschäftigt und Ihnen persönlich Auskünfte über die Bedeutung Ihres Aszendenten und Ihres Sonnenzeichens geben kann. Falls Sie ein Tierkreiszeichen-Buch (zum Beispiel aus dieser Reihe) Ihres Aszendenten-Zeichens besitzen, können Sie auch das lesen und dabei im Hinterkopf behalten, daß es sich hier weniger um Ihr tatsächliches Verhalten, sondern um Ihre Charakteranlagen handelt. Da sich allerdings unsere Anlagen und unser Verhalten ständig wechselseitig beeinflussen, erzielen Sie schon gute Ergebnisse, wenn Sie sich selbst einfach als eine »Mischung« beider Zeichen betrachten.

Charakteranlagen

Falls Sie feststellen sollten, daß bei Ihnen Sonne und Aszendent im gleichen Tierkreiszeichen stehen, müssen Sie natürlich kein weiteres Buch zu Rate ziehen. Für Sie sollten dann die in diesem Band gemachten Aussagen in besonderem Maße zutreffen.

Die Bestimmung des Aszendenten

Die Verwendung der nachfolgenden Aszendentengrafik ist denkbar einfach: Die Skala am linken Rand (C) gibt das Datum an, die Skala am rechten Rand (A) die Uhrzeit. Markieren Sie Ihr Geburtsdatum und Ihre Geburtszeit, nehmen Sie ein Lineal, und verbinden Sie beides mit einem Strich – fertig! Das Tierkreiszeichen (B) in der Mitte der Grafik, das von Ihrer Linie gekreuzt wird, ist Ihr Aszendent.
Wichtige Hinweise: Die Grafik bezieht sich auf mitteleuropäische Zeit. Falls bei Ihrer Geburt die Sommerzeit galt, müssen Sie eine Stunde abziehen. Eine Sommerzeitentabelle finden Sie im Anhang dieses Buches. Die Aszendentengrafik funktioniert nur dann, wenn Sie in Deutschland geboren sind. Ohne eine wirklich genaue Geburtszeitangabe ist kein zuverlässiges Ergebnis zu erzielen.

| Löwe | Jungfrau | Waage | Skorpion | Schütze | Steinbock | Wassermann Fische Widder Stier | Zwilling | Krebs | Löwe | Jungfrau | Waage | Skorpion | Schütze | Steinbock | Wassermann Fische Widder Stier | Zwilling | Krebs |

Januar | Februar | März | April | Mai | Juni | Juli | August | September | Oktober | November | Dezember